하늘 나그네

Heaven Traveler

윤은경 시집

Eun-kyeong Yoon : Poems

문학공원 시선 277

하늘 나그네

Heaven Traveler

윤은경 시집

Eun-kyeong Yoon : Poems

문학공원

자서

인생은
슬프고 아름다운 것
평생토록
건강과 행운을
허락해주신
천주님께
드리는
감사 기도

2025년 겨울, 뉴욕에서

윤 은 경 아나스타시아

Preface

Life is
Sad and beautiful
A gratitude prayer
To God
For granting me
Great health and fortune
In my whole life

New York, Winter of 2025

Eun-kyeong "Anastasia" Yoon

〈축하의 글〉

아름다운 몸부림에 경의를 표하며

윤영범 뉴욕시문학회 회장

윤은경 선생님의 시집 출간을 뉴욕시문학회를 대표하여 진심으로 축하드립니다. 팔십 평생을 살아오면서 깊은 사색의 우물에 숨겨 두었던 그리고 깊은 신앙의 다락방에 쌓아 두었던 언어의 보따리를 이제야 풀어서 한 권의 책으로 묶으시니 자랑스러움과 동시에 경탄스러움으로 축하의 인사를 전합니다.

시인은 왜 시를 쓸까요? 성경에 "심령이 가난한 자는 복이 있나니"라는 말씀이 있습니다. 시인들은 마음이 늘 가난하고, 항상 낯설음에 허기진 자들입니다. 사랑에 허기지고, 그리움에 결핍된 자들, 그리고 자연과 삶의 본질을 향하여 늘 목말라하는 자들이 시인인 것이지요. 그리하여서 시인들은 늦은 밤과 새벽에 새들이 먹이를 찾아 날아다니듯 애타게 숨어 있는 언어들을 찾아 헤매는 것인지도 모릅니다. 결국 성경의 말씀대로 가난한 마음으로 시를 쓴다는 것은 신이 주시는 축복 가운데 하나라는 추론으로 시인들은 행복한 사람들입니다.

윤은경 선생님은 힘들고 바쁜 이민의 삶 속에서도 늘 하나님께서 주시는 성경의 말씀과 더불어 시심으로

부터 나오는 글과 함께 살아오신 분입니다. 따라서 그는 늘 가난한 마음으로 시를 쓰고 있고, 이것은 신의 축복을 누려온 삶이라고 할 수 있겠습니다. 그의 작품이 400편이 넘는다는 사실이 이를 반증하고 있습니다.

즉 기쁘고 슬픈 모든 희로애락의 순간순간들을 놓치지 않고, 메모하고 기억하고 아름답게 노래하고 있는 것입니다. 우리는 이 시집의 곳곳에서 인생 전체를 놓고 펼치는 회한과 시인의 그리움을 느낄 수 있으며, 신앙적 자세가 고스란히 녹아 있는 한 줄 한 줄의 노랫말 같은 리듬 속에서 국화 향기같이 농익은 삶의 향기를 맡을 수 있습니다.

또한 노 시인의 문맥을 따라가다 보면 그가 떠나온 조국 대한민국의 아름다운 금수강산을 너무나 그리워하며, 얼마나 자랑스러워하는지 느낄 수 있는데, 이는 험악하고 거친 타지의 삶 속에서도 고향에 대한 기억과 추억을 얼마나 고이 간직하고 살아왔는지 읽는 이들의 마음을 숙연해지게 하고 있습니다.

디아스포라 1세의 정체성을 처절하게 끌어안고 그 정체성을 문학으로 표현하고자 모국어에 대한 사랑과 시에 대한 열정으로 오늘도 설렘으로 펜을 잡는 윤은경 시인의 아름다운 몸부림에 경의를 표하며, 이 책의 아름다운 시들이 많은 교포들의 힘들고 지친 생활에 위로를 주고 마음에 잔잔한 감동을 전하는 소중한 시집이 되길 소망합니다.

차례

차례

2부 우리는 돛단배
(Part Two: We Are a Sailboat)

차례

3부 영문 번역시
(Part Three: Translated Poems and More)

1부

어느 날의 고독

Part one: A Day of Solitude

버려진 시간

다정도 아쉬움도 미련도 없이
돌처럼 무거운 침묵의 고리
기쁨도 꿈도 희망도 보이지 않아
말없이 버려진 그 시간

봄 여름 가을 겨울
계절은 오고 가고 인생은 가고
어느덧 나이는 늘어
머리 숙인 할미꽃인데

아직도 나의 마음은 흐르는 시냇물
바람소리 새소리 들으며
그 시냇가를 거닐면서
돌을 던지리

숲속

누가 누구를 만나
아웅다웅 싸우다가 정이 들었네

사람마다 저 잘나서
시시콜콜 따지며 바라보다 정이 들었네

사랑도 슬픔도 미움도
저 강 건너 숲속으로 사라진 꿈이었나 봐

꿈속에서 만난 그 멋진 왕자는 어디 있을까
화려하고 아름다운 꽃마차 타고

예쁘고 다정한 왕비가 되어
꿈길 따라 그 숲속을 찾아 헤매리

조각상

남을 이해하고 사랑할 줄 모르고
범사에 감사하며 기뻐할 줄 모르고
모든 것이 불가능인 양 희망을 찾지 못해
'삶'이 시시하고 재미가 없음인가
조각상이 되어지는 얼굴
여기 또 하나 있네

누구든지 생각할 줄 아는 지혜가 있을진대
고뇌가 무엇인지 알아내야 할 것 같아
모든 사람 제쳐놓고 홀로 멋이 들었을까
많이 웃고 살면 바보처럼 보일까봐
뽐내며 고고하게 조각상이 되어지네

사람이 죽어 관 속에 들어가면
사랑도 미움도 기쁨도 슬픔도
웃고 울고 만나고 헤어지고
모든 세상만사 무상함을 알고 있네

땅속에 묻혀 진흙이 되기 전에
숨 못 쉬는 조각상처럼 죽는 연습 하지 말고
너도 나도 살아 있는 오늘 하루가

황금처럼 소중한 축복이거늘
감사하며 열심히 살아야 하지

어느 날의 고독

고등학교 시절 영어를 가르치시던
총각 선생님 말씀
미친 개한테 물리면 약도 없으니
남학생들 조심하라고
공부시간 늦춰가며 수군수군
소란 피우던 그 시절이 생각이 나네

"인생은 어둠 속에 길 잃고 방황하리"
슈베르트 작곡 미사곡 가사 한 구절
머리에 떠오르네
전생에서 원수끼리 만나는 게
부부의 인연이라 누가 말했던가

옛날이나 지금이나 현실에 순응하며
열심히 살아왔건만
서로 위로 받고 서로 상처 받고
살아온 세월이 너무 많구나

못난 인생 자랑할 것 하나 없어도
사랑하는 우리 자식들 마음 가운데
제일 좋은 엄마로 남고 싶어라

〈

오렌지 빛 저녁 노을 서산 너머로 사라지듯
이제는 무덤을 바라보며 저물어가는 인생인데
어두운 그늘 아래 홀로 앉은 나그네
잎이 다 떨어져 불쌍해 보이는 앙상한 나뭇가지
차가운 겨울바람이 내 마음속에도 불어오네

아무도 날 위해 울 수는 없지
내 인생은 나의 것일 뿐
멋지고 강한 생명력을 지닌
이름 모를 꽃송이를 찾아가리라

피아노

육이오전쟁이 나기 전 아주 어렸을 때에
초등학교 강당에서 들려오는 피아노 소리
누구인지 무슨 곡인지 알지도 못하면서
높은 창 밑에 홀로 서서
피아노 소리 듣고 있었네

육이오전쟁이 끝난 후 여학생 시절
정말로 예쁘고 아름답던 음악 선생님
노래 부르면서 피아노 치시며
'사랑의 기쁨'을 가르쳐주셨지
지금도 그 모습 그 얼굴 잊을 수 없네

우리 아이들 레슨 받던 피아노 책 뒤적거리며
열심히 독학으로 피아노를 치다 보니
악보도 손도 보지 않고 가사 외워서
가톨릭 성가, 찬송가, 그리고 명곡
내가 좋아하는 노래는 다 쳐보았지

음악을 사랑하고 내가 내 인생을 사랑해야지
누가 나를 위해서 노래를 불러주고
피아노를 가르쳐주겠는가

〈

아픈 상처를 달래듯이

자유와 인간의 존엄성을

스스로 찾고 깨달아서

내 자신을 위해서 살아가리라

첫눈이 내리네

짙은 어두움에 덮여
별빛마저 사라진 캄캄한 밤 하늘
밖에는 첫눈이 소리 없이 내리네

눈처럼 희고 깨끗한 마음도
순수하고 아름다운 사랑의 실마리도
힘겨운 생존의 흐름 따라
부서지고 흐트러져 사라져간 순정도
색깔 변한 헌옷처럼 볼품은 없어도
정들고 몸에 맞아 버릴 수 없네

차가운 돌 위에도 흰 눈이 내리듯이
돌처럼 변함없는 마음의 소리
그토록 귀하고 값진 보석도
다 두고 떠나야 하는 먼 곳으로
편히 앉아 살다가
입고 가리라

비가 오는 날

비가 오는 날이면 다정한 친구 만나
우산 쓰고 거리를 다녀보았지

무슨 말이든 종달새처럼 지저귀면서
기다리는 사람 없고 오라는 이 없었건만
갈 곳이 너무 많아 여기저기 다녀보았지

멋지고 찬란한 보랏빛 인생이 어느 곳에 있었을까
찾아보아도 찾을 수 없던 젊은 날의 꿈
그 꿈이 너무 아쉬워
비 오는 거리를 다니고 싶던
옛날의 그 젊음이 그리워지네

남녀 평등

옛날 유교사상을 비롯해서 한문깨나 쓰이던 시절
우리나라 풍습에 남녀칠세부동석이라
일곱 살만 되면 남녀를 구별해서 남자에게
우월감과 권위의식을 심어주며 우선순위로
남자를 추종하며 살던 그 시대

조선 오백 년의 역사를 자랑하는 단군 조선의
아들 딸들이 살아온 그 발자취, 역사에 길이 남아
영원한 페이지를 장식하던 그 시대의 다채롭던 윤비
마지막 왕궁의 슬픈 종지부를 마무리한
운명의 여인 민비

어쩔 수 없는 시대적 변천과 침략이라는
물결 속에 휘말려 나라를 빼앗겼던
36년간의 뼈아픈 일제강점기시대, 옛날이나 지금이나
이 모두가 남녀가 다함께 나라의 운명을 좌지우지
서로 엉키고 어울려서 살아오지 않았던가

생각해보니 남녀평등이란 역사가 증명하는 엄연한
사실이고 진실임에는 틀림이 없네
남자란 여자의 몸에서 태어나

여자의 혜택을 받고 자라서
또 여자 아니면 결혼을 할 수도 없으니
올 데 갈 데 없는 큰애기
그중에서도 제일 말썽 많은 큰애기네

하느님께서도 인간의 모습을 취하시어
동정녀 성모 마리아의 아드님으로 이 세상에 오셔서
진리와 사랑을 가르치시고
가난하고 불쌍한 영혼을 구원의 길로 이끄시고
또 영원한 본향으로 인도하시며
새로운 삶의 터전을 마련하셨으니
우리도 언젠가는 주님 따라
다시는 되돌아오지 못할 이 세상을 떠나가리라

남녀가 만났다 헤어질 때는 말없이 떠난다는
어느 유행가 가사처럼 구태여 남녀평등을
부르짖고 여성 지위 향상을 논할 것 없이
하느님께서도 남자의 갈빗뼈로 여자를 만드셨으니
남자가 첫째이고 여자가 둘째인 건 사실 중에 사실이네
첫째 둘째 따지며 복잡하게 생각할 필요도 없이
서로 돕고 의지하고 사랑하며
우리 모두 다함께 잘살아보세

우리 집 고양이

1983년도에 태어나서 6개월 된 나이에
우리 집 식구 되어 17년을 같이 살다 간 우리 고양이
힘있고 잘생긴 운동선수처럼
민첩하고 활동적인 모습으로
틈만 나면 문 밖으로 도망치듯 뛰어다니고

여름이면 뒤곁에 있는 나무 위에 올라가
높은 곳에 자리잡고 낮잠도 주무시고
나무 곁에 그림처럼 숨어 앉았다
위로 올라가고 내려오는 다람쥐 잡아
지하실 문 앞에다 장사 지내고
재빠르게 달아나는 큰 쥐, 작은 쥐 다 잡고
날아다니다가 피곤해서 잠깐 졸고 앉았다
당했는지 새도 잡아서 또 장사 지내고

사나운 독수리가 먹이를 찾아
산으로 들로 물가로 유유히 날으듯이
집 근처 여기저기 놀이터 만들어놓고
죄 없는 다람쥐, 새, 쥐는 왜 잡아 죽였을까
필경 동물의 본능적인 의무를 수행키 위해
힘 자랑을 한 것이 틀림이 없네

〈

그렇게 극성 맞던 우리 고양이
2000년도 7월 말 아주 무더운 여름 밤
이는 다 빠지고 잇몸만 남았으니 먹지를 못해
영양 부족으로 늙고 힘이 모자라
정들었던 집을 두고 이 세상을 떠났으니
지금도 문득 생각이 나면 불쌍해서
마음이 편치 않고 쓸쓸해지네

사람도 짐승도 늙으면 쇠약해지고
병이 들어 죽어가는 동물인데
그중에서도 두 발로 꿋꿋이 걸어다니며
부귀영화와 만수무강을 꿈꾸고 바라는지라
제 나름대로 꾸물거리며 살고 있는
이 세상 모든 만민들을 하느님께서 더욱 사랑하시어
생각하고 배우고 말하고
쓸 수 있는 특권을 우리에게 주셨으니

세 살짜리 어린아이에게도 배울 것이 있다는데
이왕이면 어질고 착하고 똑똑한 할머니 되어
나이 많다 게으름 피고 걱정도 말고
무엇이든 꾸준히 배우는 자세 그 마음을
소중히 간직하면서 그럭저럭 편안히 살다 가리라

새해의 아침

오늘이 밝아오는 새해의 첫날
일 년이면 두 번씩 찾아오는 새로운 아침
구정을 맞이해야 정말로 묵은해가 가는 것일까?
먼저 오는 오늘이 잠깐 스쳐 지나가는 기차역이면
나중에 오는 구정은 나이 숫자 세어보는 계산기구나

새해든 묵은해든 반짝 빛나는 보석처럼 매력도 없고
함박꽃처럼 웃을 수 있는 기쁨도 없네
아침 햇살이 흐린 듯 태양 빛도 희미하고
창문에 걸려 있는 나뭇가지
잔잔한 바람결에 조용히 움직이듯

설레는 마음도 희망찬 계획도 없이
무거운 마음이 빈 가슴처럼 공허하구나

첫째도 둘째도 셋째도 건강
큰 병에 걸리지 않고 건강한 모습으로
살 수만 있다면 그보다 더 큰 축복이 어디 있으랴

"범사에 감사하며 살라"고 하셨듯이
나의 모든 인생살이 주님께 맡기오니

언제 부르실지 모르는 그날이 올 때까지

해마다 드리는 신년 미사
금년도 허락해주시어
하느님 감사합니다
(미사 시간 늦기 전에 움직여야지)

해님 달님

돈이 많다 행복하고 없다고 불행한 건
아닐 테지만 너무 없으면 궁상맞고 불편해서
향기 없는 풀잎처럼 볼품없는 인생살이
많으면 귀족이라 품격 높은 돌산인가
그 산이 무너져도 돌멩이로 집을 짓고
대대손손 잘사는 사람들
빈손으로 왔다가 빈손으로 돌아가는 나그네
잘살든 못살든 무슨 큰 차이 있을 건가

해님 달님 모셔다가 정성 모아 기도하며
포도알처럼 영글어진 풍성 누리고 살면 됐지
돈 많다고 자랑 말고 못산다고 슬퍼 말고
하늘 아래 사는 백성 모두 다른 모습인데
짧은 인생, 하느님이 앗아가면
티끌 속에 먼지처럼 사라지는 꿈이런가!

그 꿈이 연기 되어 흩어져 가기 전에
불평 불만 심지 말고 친절 사랑 마음에 담고
우정 어린 의리 지켜
서로 많이 웃고 바라보며 살아가리라

내 고향 서울 · 1

젊었을 때 고생은 돈을 주고도 못 산다는데
초등학교 육학년 때 육이오 전쟁을 만났으니
열한 살짜리 어린 나이 그때부터 고생이네
효창공원 산 언덕 내가 살던 옛날 그 집

봄이면 돌벽 위에 울타리 노랑 개나리꽃
만발하고 핑크색 꽃이 곱게 피던 다른 한쪽
돌벽 밑에 쭉 들어선 벚꽃나무, 그 돌벽 위에
사철 푸르던 포플러 나무 울타리, 이웃집 경계선에
가시철망 언덕 삼아 넝쿨진
가시 돋친 빨간 찔레꽃

아버님이 가꾸시던 꽃밭, 봄부터 여름 가을까지
아름다운 색깔로 피고 지던 많은 꽃송이들,
다알리아, 백일홍, 튤립, 분꽃, 봉숭아, 채송화
코스모스, 양귀비, 빨갛게 달린 꽈리나무
나도 요다음 커서 시집 가면 아버지처럼
화단을 예쁘게 만든다고 생각했었지

"전우의 시체를 넘고 넘어 앞으로 앞으로
낙동강아 흐르거라 우리는 전진한다"

전쟁을 예측이나 한 것처럼 효창공원에 집합해서
훈련 받으며 군가를 부르던 군인 아저씨들
육이오전쟁 통에 몇 분이나 남아 살아 있었을까?
지금도 그 노랫소리
귀에 들리는 것 같네

미국 비행기 폭격으로 서울역 뒷길 개천가에
즐비하게 누워 있던 그 많은 시체들
너무 서럽고 답답하여 엄마 몰래 집을 나와
부서지고 타버린 잿더미 속에 연기가 가시기도 전
폐허의 거리를 눈물을 흘리며 돌아보던
그날 그 기억 아직도 생생하게 잊을 수 없네

육이오도 일사후퇴도 다 지나가고 삼팔선을 경계로
휴전 협정을 하던 그때 여학생이 되어
오고 가는 등굣길에 뼈만 남아 나무로 집 모양을
세워놓은 그 망가진 집 속에서 식구들 이름을
부르며 슬피 우는 여인의 통곡하는 울음소리
지나가다 발을 멈춰 판자대기 나무 벽 틈을
들여다보며 나도 눈물을 흘렸었지

말없이 무엇이든 잘 먹는다고 '돼지'라고 별명
지어놓고 심심하면 놀려대던 키다리 우리 오빠
친구처럼 나란히 같이 자란 정다운 우리 언니

오빠는 난리통에 이북으로 도망가고 언니는 병이 나서
일찍도 가버렸네 저세상으로, 사라져간
오빠 언니 그리워할 겨를도 없이 친정 식구
다 두고 떠나온 고향 한국의 서울

미국 이민생활 삼십 년이 넘도록 살면서도
내 손으로 풀 한 포기 꽃 모종 제대로 한 번
못 해보고 칠십이 내일 모레로 어느덧 다가오네
그동안 한 번도 가지를 않았으니 지금 가면
길 못 찾는 촌 여자 미국서 온 할머니,
경제발전, 생활수준 잘사는 사람 많다는데
내 마음은 아직도 춥고 가난하고 아픈 상처투성이로
기억 속에 남아 있는 내 고향 서울이구나

쓰나미

사람 목숨이 파리 목숨 같다더니
물결 속에 휩쓸려서 파리처럼 생명 잃고
산이 무너져 쓰레기통에 파묻히듯 불쌍하게
죽어간 수많은 영혼이여!
천지를 만드신 하느님 왜 화가 나셨을까
천재지변이 일어나면 무섭다 말만 들었지
내 평생 처음 듣고 보고 먼 땅에서 일어난
물난리 떼죽음 그래도 내 나라 내 고장이
아니어서 천만다행이란 생각이 드네

하느님 우리 하느님! 어찌하여 저를 버리시나이까
예수님 십자가에 못박히시어 돌아가시며
그 처절한 인간의 슬픈 절규, 마지막 부르짖던
그 말씀 그 모습이 불현듯 떠오르네
사람이 이 세상에 태어나고 죽는 것
우리의 생명을 주관하시는 무서운 분
하느님이 아니시면 그 누구도 뜻대로 할 수 없는 일

흐르는 강물 망망한 바다 하늘의 빛나는 밤 별
땅 위에 있는 무수히 많은 산과 나무
온 천지 만물에게 물어본들 대답 없는 침묵일 뿐!

사람이 소유한 모든 자유, 의지와 지력으로써
알 길이 없는 크고 광대한 우주의 신비로움
또 깨달을 수 없는 길고 영원한 무궁무진함
나약한 인간이 어찌 논할 수 있으리요

"준비 없이 죽음을 맞이한 그 불쌍한 영혼들을
당신 품에 모두 받아주시어 지상에서 못 누린
평화와 안식을 영원히 누리며 살게 하여 주시옵소서"
이별과 슬픔과 고통 속에
살아남은 그 지역 사람들을 위로와 사랑의 손길로
어루만져 주시기 기도하오니
하느님! 이 불쌍한 만민들에게
새로운 빛을 주시옵소서

아까운 죽음

사람은 생각하는 갈대라는데
종교의 자유가 생각 속의 보물인가
한 사람 한 사람이 모여 공동체를 이루듯이
나라마다 다른 언어와 풍습
내 보물이 더 귀하다 함께 뭉치어
사람을 지배하고 다스리고 이끌어가듯

종교, 정치, 문화, 예술, 질과 양과 뜻이
맞지 않아 전쟁을 일으키고 싸우고 죽고
의리와 용기, 실패와 성공, 그리고 죽음
사람이 죽어 먼지 되면 이 세상이 종락인데
전쟁터에 목숨 걸고 싸우다가 사라져간 영혼이여!
제일 불쌍하고 아깝고 안타깝구나

보물 찾기 힘이 들어 하늘나라 빨리 가서
보다 많은 평화 행복 그곳에서 찾았을까
나라 충성 다하면서 훈장 받고 명예 얻고
돈 벌고 사랑하며 풍족하게 살고 싶던
그 꿈을 남겨두고 떠나버린 젊은이여!
아까운 그 목숨을 누구에게 보상 받나

하느님 영광 위해 목숨을 잃었을까
영영 풀지 못할 하느님과 우리 맺은 사랑 인연
그 사랑이 그리워 떠나가고 찾아갔을까
떠나가고 지나가고 세월은 가도 싸움은
끊임없이 끝나고 또 시작하고 세상은
어지럽고 소란하고 복잡하구나

"평화의 하느님이시여!
어리석은 당신 백성 굽어보시어
진리와 평화를 사랑하며 살게 하소서"

우리 어머니

양지 바른 마당 한쪽에 쭈그리고 앉아 만약에 나에게
엄마가 안 계시다면 얼마나 내가 불쌍하고 슬플까
심심하면 그 생각을 하면서
눈물을 흘리며 청승을 떨던
아주 어렸을 때의 기억이 아득하게 되살아나네

팔십 평생을 사시다가 저세상으로 가신 지도
어느덧 이십 년이 되어가는데
'어머니'라는 그 위대한 대명사
도대체 무슨 끈질긴 힘과 사랑이 담겼기에 왜 나는
아직도 우리 어머니를 생각하면서
종잡을 수 없는 마음속 깊이 저려오는
슬픔의 눈물을 흘려야 하는 것일까

참으로 인간에게는 망각이라는 위대한 힘이 있어
다행이라고 생각하며 살아왔는데
무엇 때문에 이렇게 마음이 아픈 것일까
사람의 의무, 인간의 도리,
하느님의 자녀가 된 도리와 의무를 다하기 위해
사랑이 그리워서 눈물이 나는 것일까
내 사랑이 부족해서 스스로 상처받고

고독을 친구삼아 살아온 내 삶의 기억들이
아름다운 추억 속에 행복을 찾아야 하는 이처럼
소중한 오늘이 나에게 있었기에 아마도 기쁨과 감사의
눈물일지도 모른다는 생각이 드네

삼십 년 전 이곳 이민 떠나올 때 헤어진 후 한 번도
뵙지 못한 우리 어머니, 이세상 모든 엄마들이
그러했듯이 어린 나에게
사랑을 가르쳐주신 우리 어머니
나도 엄마 할머니 되어 어서 오라고 칠순이
손짓을 하는데
정체를 알 수 없는 슬픔으로 남아 다시 되살아오는
이 애틋함이 과연 누구를 향한
그리움과 사랑의 실체인지 알 수가 없구나

내가 태어나고 자라나고 헤어진 친정 식구들
내가 사랑하고 지켜온 이 가정과 우리 식구들
그리고 지구상에 살고 있는 세상 사람들
이 모두가 하느님께서 만드신
제일 훌륭한 작품 '생각하는 갈대' 사람이기 때문이니라
하느님! 이 죄 많은 사람에게 자비를 베푸시어
보다 많은 사랑과 회개의 눈물로 얼룩진 진정한
'삶'을 살 수 있도록 이끌어주시옵소서

도망자

날개 잃은 불쌍한 한 마리 새
신음 소리 아픈 가슴
높은 절벽 돌바위 뛰어내려
불꽃 속에 타오르네

나라 사랑 국민 사랑 오래오래 성을 쌓고
뿌리 깊은 나무 되어 야자수 그늘 아래
노래자랑 왜 못 하고

눈물 어린 꽃향기, 향불 곳곳에 피워놓고
바닷가 모래밭에 새집을 짓다 말고
파도에 휩쓸려 부서진 나뭇조각

흩어진 조각 모아 조각배를 만들어
인파의 물결 타고 웃으며 떠나시네
구름 바다로

완벽을 추구하는 올바른 지혜
진정한 통치자는 황소 뿔을 닮았을까
어디에서 묵묵히 숨어 사시나

완벽을 자랑하는 위선과 오만
호랑이보다 무서운 비장한 마음
우울증, 고독은 몸살일 뿐!
현실을 외면한 승자는 없지

하느님이 주신 귀한 생명
마음대로 버리고 떠나간 도망자
우매한 영혼이여!
하느님 품안에서 편히 쉬시옵소서

2009. 5. 29. 노무현 전 대통령 서거를 생각하며

울보 우리 손자

이 세상에 태어난 지 8개월 된 우리 손자
눈 마주치면 싱글벙글 기분 좋아 소리 내어 웃고
행복한 아기 얼굴 사랑스럽기 끝이 없더니
이제는 조금 자라 알고 느끼고 생각하는지
여기저기 살펴보다 저희 집 아니라고
엄마 아빠 찾으며 1시간 40분을 울다 지쳐 잠이 들었네

밖은 캄캄하게 어두움이 짙어가는데
둘러보고 또 보아도 내 집은 아니고
먹기도 싫고 잠자기도 싫고
찾아도 불러도 엄마 아빠 보이지 않아
말 못해 무엇이라 중얼거리며
울고 또 울다가 잠이 들었네

사랑하는 우리 손자야
아직도 너의 울음소리 귓전에 들리는 것 같아
마음이 아파 눈물이 나는구나!
눈물, 사랑이 있는 곳에 내가 사는 것처럼
무럭무럭 큰 아이로 빨리 커서
할아버지 할머니 집도 너희 집이라 생각해주렴

* Peter 아들 Ty

그늘진 다리

빛나는 햇살

어수선한 꿈을 꾸다 깨어난 아침
삶이 죽음으로 이어진 다리
사랑이 아픔으로 방울진 흔적
겹겹이 쌓인 채 어디로 가나!
믿음이 소망으로 힘을 깨우쳐
새로운 현실로 밟아온 자취
그늘진 다리 위 어디쯤일까

침묵의 문고리 잡고 서 있네

낙엽

소리없는 가을비 침침한 아침
한 잎 두 잎 떨어져 흩어진 낙엽
여기저기 쌓여가는 포근한 색깔
빨간색, 노랑색, 밤색, 자주색
예쁜 옷 갈아입고 밟히고
뒹굴다가 '흙'이 되려나

끼리끼리 사랑하는 사람들
단풍놀이 제철인데
철 따라 스며드는 마음의 소리
깊고 넓은 아량으로 사랑을 심어
재미있게 살아볼까 꿈꾸는 가을
비 오고 바람 부는 산길 언덕을
촉촉이 젖어가는 낙엽을 밟고
길 잃은 사슴처럼 뛰어다닐까

깊은 산속 썩은 낙엽 밑거름 되듯
슬며시 남을 위한 정성과 실천
향기 좋은 꽃 한 송이 자꾸 만들어
이 사람 저 사람 나누어줄까

흐리고 비 오는 침묵의 아침
가을이 지나가는 창문 앞에서
나뭇잎 타고 떨어지는 깨끗한 빗물
쓸모 있고 볼품 있는 그릇에 담아
욕심쟁이 이 마음을 씻어볼까요

나그네 한 쌍

이끼 낀 노을빛 화려한 슬픔
은빛 금빛 무늬 진 넓은 치마폭
청실 홍실 허리띠 길게 만들어

천년 만년 영원토록 꿈 다리 놓고
정처없이 떠나는 나그네 한 쌍

고운 눈길 관객석 내 자리 지켜
희극 비극 눈물 웃음
함께 나누리

우리는 친구 · 1

희고 검은 섞어머리 무료한 나날
몸과 마음 약한 날개 습기 낀 동굴

명상에 사무친 젊음의 활력
건강 품목 우선순위 찾고 다듬어

너도나도 곱게 늙어 오래 살자고
둥글게 모여 앉은 한탄강 물결

그 흐름 시간 속에 우리는 친구
이야기꽃 한 잎 두 잎 떨어지는 날

피는 향기 바람 타고 어디로 가나!
인생은 낙엽이고 들꽃이구나

피카소의 사진첩

아름답고 요란한 색채
높은 구름 위에 떠 있는
엄청 희귀한 가치성
만질 수도 없는 예술품

까맣게 타오르는
빛나는 금빛 열쇠
구멍 속에 걸친 본능

사람마다 가진 소유
인간의 자유의지
뭉클뭉클 피는 불꽃
열정의 사진첩

품격 높은 바람 물결
풍덩풍덩 뱃사공
끝없는 바다 위에
고요한 신음 소리

돌고 도는 생명의 꽃
영원히 살아 있네

할아버지 노인들

축 늘어진 어깨 위에
날개 돋친 파도 소리
못다 한 야망, 꿈
흙에 뒹군 하얀 차돌

멍울진 미련 잡고 헤매는 사람들
힘 모아 소리 높여
어디로 뒹굴뒹굴

흐르는 강물 가 날렵한 물새 울어
유유히 날고 날아 먹이 물고 한숨 놓고

새록새록 정겨운 녹음 짙은 오월 하늘
웃음, 기쁨 손짓하는 맑고 푸른 이 계절!

평화, 희망 찾고 누려
아름다운 이 세상
오고 가는 이웃사랑
서로 감사 나누세

발자국

오색 꽃 탐스러운 꿈나무 아래
인내의 수틀 잡고 지켜온 세월
풍요롭고 무성한 젊음의 그늘
예쁜 그림 그리려다 찌들린 상처
희망과 행복 돌아보고 쉬어간들
영원히 고달픈 발자국 하나

꽃과 나비 해님 달님
가을 동산 찬 바람
사시사철 아침 저녁
노을빛 인생

산봉우리 시냇물
아름다운 이 세상
못다 한 감사 기쁨
찬란한 장식

새소리 바람 소리
열어젖힌 창문 앞에 머리 숙이네

구름

싱글벙글 목련꽃 송이송이 가득한데
떨어져 누운 꽃잎 얄궂은 꽃바람
용솟음치는 생명의 빛 너울너울 그림자
울긋불긋 꽃동네 아담한 동산
명주실에 얽힌 마음 완벽과 겸손
둥글게 굴려봐도 모가 난 귀퉁이

봄 마차 날개 위에 떠도는 뭉게구름
불쌍한 우리 영혼 평화 위해 두둥실
욕심, 불평 벗어놓고 멀고 먼 하늘나라
흘러흘러 구름같이 살다가 떠나리라

아름다운 섬

연둣빛 합창으로 눈부신 오월
어린 아기 얼굴처럼 해맑은 웃음
찬란한 색깔로 무늬 진 사랑

손을 뻗쳐도 잡히지 않고
멀어져가도 놓을 수 없는
떨어져 가버린 아름다운 섬

너는 그곳에 나는 이곳에

사랑하는 아들, 딸, 손자, 손녀, 며느리, 사위
천만 가지 꽃 중에 많고 많은 그 향기
강물처럼 흐르는 축복의 샘물

흘러 흘러서 바다로 가듯
바람 부는 부둣가 얼룩진 아픔
그리움만 여기 남았네

새집을 짓고

신선한 꽃바람 솔솔 부는 아침도
해 저무는 서편 하늘 쓸쓸한 저녁도
오고 가는 말 한마디 비켜 간 바람 소리
꿀벌처럼 향기 먹고 꽃밭에 쉬는 나비
너도나도 날개 없는 불쌍한 천사
가도가도 끝없는 마음의 동산
햇빛 달빛 반짝이는 우거진 그늘
별 하나 나 하나 희망의 뿌리
보석처럼 아까운 오늘을 위해
튼튼한 울타리 새집을 짓고
호랑나비 흰 나비 춤추는 꽃밭
알뜰한 꿈을 꾸며 멈춰 살리라

티끌 먼지

멀고 먼 바다 건너 사랑하는 고국 땅
해마다 터지는 물난리 산사태
지구촌 여기저기
태풍 강풍 볼라벤 아이작
그 이름 무섭고 사나운 속수무책 천재지변
정치, 경제, 문화, 예술, 선진국, 후진국
배고픈 가난도 배부른 오뚝이도
잘난 사람 못난 사람 우리는 티끌 먼지
수억 년 돌고 도는 광대한 우주 신비
몸살 난 땅과 바다
하늘 아래 둥근 지구

마지막 숨결이 나를 재워도
밝아오는 동쪽 하늘
아침은 오고 내일도 오고…

수레바퀴

사계절 동그라미 이 빠진 굴레
수없이 멍울진 크고 작은 봉우리
욕심은 끝없는 희망의 바다
짐 실은 수레바퀴 소리없는 들 바람
음지 양지 가는 발길
높고 낮은 구름 하늘
밝고 맑은 그 눈빛
아름다운 이 세상

구불구불 산마루
정자나무 잔디밭
사랑의 꽃씨 뿌려 꿈나무 심고

그 그늘 꿈길 위에 나 홀로 서서
범사에 감사하며 주님 섬기리

지구촌

겨울바람 찬 바람 연말 연시 가고 오고
여기저기 독버섯 우왕좌왕 지구촌
정치, 경제, 문화, 예술 하늘 높은 천국인데
잘난 사람 잘살고 못난 사람 못살고
자유 평등 부르짖고 목숨 걸고 싸워본들
높은 절벽 뭉갤 힘 곳곳마다 가시덤불
불태워 재가 되면 기름진 그 땅 위에
새싹이 무럭무럭 새 꿈이 다시 한번

만수무강 빌고 빌며 오래오래 살고지고
금년에도 내년에도 경사 경사 웃고 사세

친구들

대왕대비 옷자락 알록달록 백일홍
광목 치마 저고리 보따리 든 할미꽃
주름살 피는 얼굴 빈부귀천 무관 무심
감사 평화 설탕 소금 알뜰살뜰 재미롭게
빛 좋은 개살구도 보약의 으뜸이고
말 많은 친구들도 활력의 꽃씨 꽃밭

사람마다 천차만별 무식 유식 취미 향기
뒷동산에 할미꽃도 앞마당에 백일홍도
아름다운 이 세상 우리는 꽃밭
천국 가는 완행열차 그 길에 피네

세월

꽃처럼 아름답고
별처럼 반짝이는
젊음의 황금물결
흘러흘러 팔순 잔치
내일 모레 아침인데
형형색색 새옷 입고
님을 향한 들길 산길
눈보라 치는 겨울
꽃 피고 새 우는 봄
울창한 나무 그늘
무르익은 가을 열매

세월이 나를 보고
심심타 한탄 말고
핑계삼아 불평 말고

사계절 바람결에
예쁜 꽃 피는 마음
은빛 금빛 감사 찬미
밝게 살다 가라 하네

불쌍한 영혼

침몰된 여객선 억울한 죽음
고통과 질식
바닷물 무덤 속 잠들은 영혼들

꽃송이 부여잡고 빗물이 되어
세상을 떠도는 그 많은 불쌍한 영혼들!

하느님! 어찌하여 이런 일이 생기도록
내버려두시나이까!

눈물과 통곡 바다를 덮고
땅 위의 슬픔
하늘에 쌓인 구름이 되어
가도가도 끝없는 침묵이어라

* 2014년 4월 16일 세월호 침몰사건을 보며
- 476명, 구조 172명 실종 304명

내 고향 서울 · 2

사십 년 만에 돌아본 내 고향 서울
전쟁, 가난, 젊음
슬픈 그림자 아롱진 거리
변화무쌍한 눈부신 발전
선진국 대열에서도 으뜸가는 지하철

삼천리 반도 강산
먹거리 입을거리 풍성풍성
아름다운 지방, 도시
얼굴마다 보기 좋고

말 못하는 사람 없어
너도나도 나라 걱정
정치, 경제, 문화, 예술
종교, 자유, 민주, 평화

너도 살고 나도 살고 우리는 한마음
휘날리는 국기 아래 내 나라 사랑 사랑

하늘나라

파도 소리 바람 소리
봄이 와도 가을바람
물결 위에 옥구슬
움직이는 유동체

내일 위해 희망을 오늘 위해 뿌리를
기쁨의 날개 위에 아름다운 영혼을

맑고 깨끗한 평화의 들녘 하늘
이 땅에 사랑 나무 내 뜰에 꿈나무

머리 숙인 해바라기
뒷동산에 할미꽃
꽃처럼 아름답게
무궁화꽃 우리나라
그 뿌리 영원토록…

사랑은 슬픔이라!
슬픈 고향 하늘나라
잔잔한 바다 넘어
고향길이 먼 곳에…

빚쟁이

집 지니고 멋부리다 빚쟁이 된 내 영혼
물질문명 돈 없으면 벽돌 없는 모래성
한평생 쌓인 노력 하늘 아래 별똥인데
별님이 나를 보고 아름답게 살라 하네
짧은 인생 흘러흘러 강물이 바다로
바다 건너 고향길 여객선 식당 의자
해님이 나를 보고 빛을 먹고 살라 하네
하늘나라 사랑 바다 영원한 우주 신비

밝은 달 밤하늘에 달님이
나를 보고 둥글둥글 살라 하네

진달래꽃

주름 꽃 피어나는 황금빛 노을
빛 좋은 과일처럼 익어가는데
벌레 먹은 떡잎도 약이 되듯이
맛 좋은 양식이 풍부한 노년
세상이 나를 위해 아름답구나!

활짝 핀 진달래꽃 오월의 여왕
흰색, 분홍, 빨간색 왕관을 쓰고
서로서로 나란히 곱게 피었네

밀려오고 밀려가는 '삶'의 모습들
지구촌 곳곳마다 아우성인데
그래도 우리는 하느님 백성
오월은 아름다운 성모님의 달
떨어진 꽃잎처럼 발에 밟혀도
순리와 진실을 사랑한다고
바쁘도록 묵주신공 드리옵니다

허수아비

하늘하늘 코스모스
가을 향기 산들바람
맴…맴 매미 울면
여름이 가는 소리

시들시들 신바람
흔들흔들 허수아비
논밭에 허상이여!
빈손으로 간다 해도
지켜야 할 대나무 밭

대쪽 같은 마음으로
콩 심고 팥 심고
사탕수수 맛들여
주님 은혜 감사 찬미
영원한 고향

찬란한 저녁 노을 해 지는 하늘
아름다운 이 세상
살아 있는 오늘이 천국이네요

시곗바늘

뽀얀 안개 하얀 먼지
세상 풍파 부는 바람
잘난 사람 못난 사람
주어진 십자가는 공평한 시곗바늘

사람의 성품 얼굴
세 살적 버릇 여든까지 천성은 변치 않고
돌고 도는 시곗바늘

믿음 사랑 인내 지혜
슬기로운 여정일 뿐!
아름다운 금수강산
나를 보고 속삭이네
맑은 샘물 흐른다고

공존하는 선과 악 콩나물시루
물 먹고 공기 마셔
호흡기 소음 잡음
천차만별 각양각색 와글와글 지구촌
바다와 하늘처럼 끝이 없구나

영혼

천연색 물감 눈부신 단풍
겹겹이 쌓여 떨어져 눕고
깊어가는 가을 향기 꿈꾸는 빛깔
아름다운 무늬로 색칠한 영혼
푸른 하늘 두둥실 띄워볼까요
창공을 나는 기러기처럼
어디를 향해 가고 있는가!
아까운 인생도 눈물겨운 슬픔도
숨막히는 근심도 못다 한 미련도
다 지나가는 바람일 뿐!

영생의 길
문기둥에
노을이 타면
훨훨 날아서
고향 하늘로…

산책

아슬아슬 무지 무혜 질척한 흔적
청춘이 좋다지만 노년도 좋아
아등바등 알뜰살뜰 거북이 살림
평생을 살았어도 후회는 안 해
흩어진 낙엽 밟고 거니는 산책
누구인지 집주인 나는 몰라도
뜰에 핀 가을꽃 아름답구나
낭만과 꿈이 있는 내일을 살고
감사와 감사로 하루를 살며
무한한 하늘 그리고 바다
아름다운 이 세상!
땅 위에 축복이 넘쳐흐르네

뭉게구름

세월은 나를 보고 꽃처럼 살라 하고
세상은 나를 보고 구름처럼 살라 하네
피고 지는 꽃송이 흩어지는 뭉게구름
세상 풍파 물결 속에 떠도는 영혼
값싼 보석 움켜쥐고 아웅다웅 왈가왈부
인생은 짧고 짧아 슬픈 향기 무덤가
봄빛이 아름다운 순종의 계절
영원한 생명의 꽃 하늘 땅에 가득히

주님 날개 온세상
와글와글 티끌 먼지
산책길 발걸음
높은 하늘 바라보네

가는 길

보랏빛 향기 아침 햇살
진홍색 찔레꽃 위로의 힘
내 사랑 누구를 위함인가
질서와 인내로 엮어 만든 꽃무늬진 돗자리
멍석 위에 깔려 있는 그늘진 미련
꿈 많은 꿈길 위에 뜬구름 하나

흐르는 세월
뉘엿뉘엿 해 지는 언덕
타는 노을 끝자락 매달린 보석
은실 금실 뽑아서 때때옷 입고
하늘나라 가는 길 아름답도록
비우고 채우는 하얀 질그릇
무거워도 가슴에 안고 영혼의 길로

꽃잎

울긋불긋 봄 나무 희망의 줄기
타고난 색깔로 온갖 꽃들 다투어 피고
새옷 입은 연둣빛 화려한 봄날

빨갛고 예쁜 새 어디에 숨었다가
봄바람 날개 펴고 날아다닐까

팔십 고개 보릿고개
쓸쓸한 언덕
쓰고 남아 버려지는
풍부한 물질문명
참으로 복에 겨운 한숨이구나

그 누가 나를 보고
웃지 말라 손짓하고
그 누가 나를 향해
못났다 꾸중할까

진정코 애지중지 눈물겨운 삶의 씨앗
기쁨도 미련도
뿌리고 거두며

내가 가는 길

봄 향기 짙은 향기
고개 넘어 바다 향기
시들은 꽃잎 꽃잎
떨어져 흙으로 가네

말굽 소리

온당한 말 한마디 천냥 빚을 갚고 남아
평생을 들어온 귀 아픈 말굽 소리
광야를 달리는 도도한 왕자
푸른 언덕길 승마를 즐기는 끈질긴 귀풍
누구를 위해 어디로 가고 있는가!
먼저 가고 나중 가고
따로따로 가는 길

너의 이름 나의 이름 다른 것처럼
이름만 남기고 떠나는 여정

이 세상에 '나의 것' 하나도 없네

수평선

꾸물꾸물 하루가 쏜살같은 바닷물결
어기영차 뱃놀이 수평선 저 너머
하늘이 닿을 듯 멀리 와 있네
이 세상 모든 생명 살다가 죽고
죽음의 그림자 깜박이는 불빛
밤하늘에 별처럼 무수한 사연들

동그라미 바둑알 이기고 지는 바둑판
완벽을 추구하는 주체성 분쟁
시끌시끌 지구촌 부서진 접시
어두운 터널에도 빛이 있는가!

그래도 아름다운 내일을 위해
오색찬란한 풍선을 하늘에 띄워
구름 따라 가는 길 나도 갈까요

튼튼한 동아줄 하느님 사랑
두 손 모아 꼭 쥐고 어디든 가네

푸른 바다

인생의 푸른 바다
사랑하는 아들 딸 며느리 사위 손자 손녀들
무럭무럭 사시사철 꽃 피는 마음
출렁이는 세상 풍파
뿌리깊은 승리의 깃발 이 땅에 심고
잔잔한 사랑의 물결
넓고 깊은 마음 튼튼한 반석
그 위에 아름다운 꿈을 찾는 희망의 날개
해 뜨는 아침 해 지는 저녁
감사 찬미 노랫소리 요란한 세상

마음껏 살아주길 바라는 우리
머리 숙인 할미꽃 활짝 피었네

가을 · 1

노래하는 들국화 분홍 치마 코스모스
솔솔 부는 가을바람 치마 바람 찬 바람
밤톨 같은 가시나무 타다 남은 화덕불에
모닥불 피어놓고 지지고 볶는 장바구니
쓰고 맛없는 보약 단지
평생토록 살아온 세월의 묻힌 보물
어깨동무 나란히
뿌리 없는 나뭇가지 어디 있을까!
꽃 피고 새 우는 나무 그늘에
나뭇잎 단풍 드는 아름다운 가을 냄새

자식 사랑 짝사랑
담아도 담아도 채워지지 않는 그윽한 향기
은총의 열매

손을 뻗쳐도 잡히지 않는
하늘의 뜬구름
값진 보석처럼 바라만 보네

하얀 구름

눈부신 가을 햇빛 찬란한 지금
잠자던 앙금이 새록새록 피어나는
마무리 인생
보약 보물 보석으로 이끼 낀 담장
응얼진 검은 구름 마음의 흔적
태우면 연기 되어 사라질 것을
타다 남은 잿더미 새하얀 구름
누구를 위해서 슬퍼야 하나!
사랑이 슬픔이고 눈물인 것을
진정코 몰랐다면 내가 아니지
구름 따라 가는 길 나그네 여정
부덕한 이 죄인 굽어보시어
평화를 사랑하며 살게 하소서

우리는 친구 · 2

가도가도 끝없는 망망한 바다처럼
해도해도 또 해도 생각의 꼬리표
길고 긴 나그네여!
어찌어찌 살았다고
노인성 청승살 요지부동 석고상

싱싱한 푸르름 줄기와 뿌리에게
기를 뺏긴 나뭇잎
빨강 노랑 밤색 갈색 아름답게 새옷 입고

도도한 슬픔을 자랑하는 단풍이여!
머지 않아 떨어져 흙이 될 것을…
자연의 품속으로 사람도 가네

너는 단풍 나는 사람 우리는 친구
금년에도 단풍놀이 함께 가자고
약속 날짜 기다리는 우리는 친구
석고상 동상 아래 바람이 부네

가을꽃

넘실넘실 넘치도록 축복의 샘물
행복의 전당포 인내와 끈기
하느님 내게 주신 사랑의 선물
그 크신 보따리 은총의 열매
그분이 아니시면
비 오고 바람 부는 외로운 산길
흩어진 낙엽처럼 어디로 갈까
흙에 묻힌 내 영혼 떠도는 구름
활기찬 가을 냄새
가을꽃 마음
풍성한 삶의 진리
화려한 장식

시드는 꽃잎에도 향기가 있듯
사랑의 불꽃으로 다시 피어내
새로운 새집 짓고 살게 하소서

가족

새로운 인연으로 주어진 사랑
육신의 아픔으로 태어난 사랑
꽃밭에 심어진 사랑의 씨앗
거역할 수 없는 자연의 순리
따라따라 살다보니 죄인이었네

눈물과 아픔이 사랑이라면
믿음의 언덕에서 자라난 나무

그림 같은 숲속에 많은 사연들
속삭이듯 서로서로 이해하면서
주고받는 말 한 마디 사랑 이야기
가족끼리 만나는 행복이기를
날마다 기도하는 가을도 가네

아침 창문

하늘을 찌르듯 높은 나무들
푸른 치마 노랗게 단풍진 잎새
촉촉이 비에 젖어 빛나는 황금
어찌하여 그토록 아름다울까!

떨어져 낙엽으로 짓밟힐 텐데
알면서 모르는 듯 양양한 기품
사람이면 내 모습이 너와 같기를…

부슬부슬 비 내리는 아침 창문에
쭉 뻗은 나무줄기 생명의 찬가
노래하는 시인이 될 수 있을까
기도하는 마음으로 하늘을 보네

마무리

엎질러진 물 다시는 그릇에 주워담을 수 없듯
마음먹고 실천한 마무리 꽃밭
흘러흘러 그 물이 어디로 가든
가다가 갈라져도 시냇물 가는 길 한 줄기련만…
탈 많은 밭농사 걱정도 많아
양보다 질 좋은 흙이면 어때
어차피 우리 모두 흙이 될 텐데…
내 뜰에 피는 약초 텃밭 언저리
가시에 찔린 듯 마음 아프네

공평하신 하느님!
사랑의 물길
뿌리마다 고르게 채워주시어
희망과 감사로 살게 하소서

움버섯

늘어진 꼬리표
소리소리 햇소리
이끼 낀 울타리에 피는 움버섯
탐스러운 모양이 껍질뿐인 걸
아직도 모른다면 슬픈 일이지

소리없이 눈 쌓인 하얀 아침에
깊어가는 겨울이 쓸쓸하구나
꿈에 만난 엄마 얼굴 친정 식구들
태어난 고향집이 그리웠을까!
나도나도 지금은 엄마 할머니
오랜 세월 흘러흘러 여기 왔는데
내 마음은 아직도 꿈꾸는 소녀
멋지고 아름답게 인생 마무리
하느님 '빽'이 있어 정말 든든해
길이길이 살 날이 아직 남아서
오개년 계획안을 들여다보네

무지개 꿈

태평양 바다로 떠가는 여객
조밀조밀 구름꽃 평화의 물길
핑크빛 선인장 방긋이 웃고
푸른 앞면 붉은 뒤 둥글 잎새에
하얀 꽃잎 줄기 끝에 매달린 송이
내내 웃고 피고 지는 겨울 꽃 피네
오색 그림 무지개 꿈 아름답도록…
구구절절 읊어보는 넋두리 노래
나약한 사람들 신음 소린가!

장밋빛 사랑으로 오시는 주님!
새로운 새 부대에 새 술을 담아
구원의 빛으로 새 옷을 입고
흥겨운 감사 찬미 드릴 수 있게
연말연시 알차게 함께 하소서

자유

지구촌 구석구석 수많은 나라
정치, 경제, 문화, 예술 생존의 기틀
지지고 볶고 싸우는 수많은 단체 공동체
특히 정신을 지배하는 종교의 자유
하느님을 믿는 신!
복잡다단 수단 방법 헤아릴 길이 없어
살상, 파괴, 전쟁, 분열, 무지, 무식, 무법
도리도리 아우성
이 세상에 단 하루도 평화는 오지 않는 것일까

사시사철 피고 지는
아름다운 온갖 꽃들 이름이 있고
휘황찬란한 색깔마다 의미가 있듯
하느님! 우리에게 주신 자유와 선택
그 누구도 함부로 남을 비판할 자격은 없어도
사회 정의를 위한 올바른 논평은
다만 심사숙고 '삶'의 진리가 하느님 뜻임을 깨우치는
오늘을 살 수 있기를
기도 기도 또 기도…

2부

우리는 돛단배

Part Two: We Are a Sailboat

여름이 오면

봄 향기 그윽한 송이송이 꽃송이
나무 밑 산책길 봄봄, 봄바람
눈물 많은 지구촌 Covid 19, 유행병
뜨거운 태양볕

여름이 오면
믿음의 물결 자비의 바다
일상생활 그리운 활기찬 내일
어깨동무 나란히 이웃과 함께

과학의 주인이신 우리 하느님!
아름다운 호숫가 봉울진 연꽃
목이 길어 학이 된 철새의 날개
평화의 샘물이 흐르는 세상
넓은 하늘 구름 꽃 사랑의 노래
무엇이든 일어났다 사라지는 바람 먼지로

기도 엽서

꿈을 찾는 콧노래
거품 비누 손 씻고
눈물 씨앗 포도 넝쿨 윤택한 나무 그늘
하느님 크신 사랑 은빛 금빛 구슬구슬
봄 여름 가을 겨울 푸른 날개 익은 곡식
천상의 봇짐 지고 춤추는 무대
예쁜 그림 기도 엽서 하느님께 청하오니
Covid 19, 팬데믹 회오리 기둥 바람
뿌리째 거두소서

생로병사 순리대로 무덤가에 꽃 잔치
눈물 방울 모든 생물
함께 살다 죽고 나고
학문 지식 과학 기술
보편성 생산 개혁
유해물질 무공무해
눈비 오고 바람 부는
아름다운 하늘 땅!
생명의 주인이신 우리 하느님!
감사 찬미 깃발 아래
희망의 꽃밭에서

횃불

유월의 하늘빛 함박꽃 마음
푸른 언덕 옹달샘 사랑의 샘물
영광의 우리 주님! 빛나는 횃불
지팡이 꺾어지듯 민심은 천심
평등의 존엄성 평화의 물결
일렁이는 파도 소리 민중의 대열
문설주 문고리 문지방 넘고 넘어서
정치, 경제, 문화, 예술
종교의 자유 언론의 자유
어떻든 손뼉 치며 만세, 만만세
진리의 근원이신 우리 하느님!
연약한 백성들 호박죽 범벅
구원의 손길로 굽어보시어
서로서로 손잡고
보다 밝은 내일이 아름답도록

구름 바다

서쪽 하늘 노을빛 고요한 침묵
영혼의 구름 바다 무지개 다리
밤하늘에 은하수 흘러 흘러서
하느님 계신 나라 별자리 하나
인생은 슬프고 아름다운 것!
살아 있는 오늘 하루 축복의 꽃밭

7월은 능금빛 피고 지는 여름꽃
바이러스 꼬리표 엉킨 줄넘기
마주 잡고 보기에 멀기만 해서
귀뚜라미 쓰르르 가을 향기로
한 송이 들국화를 닮아봅니다

가을 · 2

분홍 치마 코스모스 흰 저고리 국화송이
금빛 동산 삶의 텃밭 아픔의 샛길
넘실넘실 가을 향기 삼라만상 흙 뿌리
행복의 노래
해님, 달님, 별님, 구름 우주의 신비
길고 긴 예술 세계 하느님 작품
평화의 날개 위에 가을이 익어가네
우주의 주인이신 우리 하느님!
바이러스 팬데믹
씁쓸한 바람
북두칠성 별나라로 보내주시어
북 치고 장구 치는 마당놀이에
모두 함께 감사 찬미
이웃을 사랑하며 살게 하소서

믿음의 샘물

가시 돋친 꿈길 위에 꽃 피는 청춘
은혜로운 고동 소리
희망과 용기
사랑의 물결이 파도에 밀려
황혼의 굳은 땅 여기 서 있네

영원하신 하느님!
믿음의 샘물
목마른 사슴 뿔
여정의 실체
어제 오늘 내일도
뜻 뿌리 생명
자연과 더불어 꽃 피는 인생
멋스러운 그림 위에 노을이 타네

바이러스 팬데믹
안경 쓴 인형
노랑색 검은 향기 언덕 너머로
가을 겨울 바람결에 흩어지기를
시드는 꽃잎처럼 머리 숙이네

찬 이슬

단풍이 화려했던 그늘과 침묵
아름다운 하늘 평화와 눈물
구름 흘러 정처 없이 어디로 가나!
지나가는 까마귀 새 가지마다 앉다 날고
피고 지던 꽃송이 찬 이슬에 웃다 울고
땅위의 모든 생물 바람 따라 가는 길
영원한 진리

기쁨도 슬픔도 사랑의 씨앗
하느님이 주신 꽃 피는 넝쿨
쓰고 떫은 상처도 희망찬 열매도
인생은 꽃 바람 감사의 노래
하느님 날개 밑 고요한 잔디
낙엽 쌓인 길가를 서성입니다

희망의 등불

겨울철 맹추위 바람은 찬데
고통의 신비로 묵주신공 드리며
동네 한 바퀴 묵상의 발걸음
은총의 열매
은수저 금수저
감사와 평화
하느님 지혜 글
얼룩진 세상
찬란한 무늬 글
엮여진 선물
예수님 성모님 우리 하느님!
드높은 하늘 아래 슬픈 사연들
희망의 등불로 밝혀주시어
마스크 거리두기
현주소 답사
주님 뜻을 되새기며 살게 하소서

웃음꽃

푸르스름 엷은 하늘
앙상한 나뭇가지
숨은 시름 겨울 빛
날개 돋친 파랑새
신년 새해 만수무강
빈부귀천 천하평등
가난해도 꽃길이요
하느님 아니시면
먹을 것 입을 것 하나도 없네

믿음 사랑 기쁨
인생은 단막극 화려한 무대
봄 여름 가을 겨울 축복의 계절
풍성한 포도 넝쿨
행복의 열쇠
구원의 봄빛으로 오시는 주님!
웃음꽃 피어나는 희망의 꽃밭
우리 모두 다함께 굳게 하소서

새봄이 오면

먼동이 트기 전 새벽 하늘에
꼬리 물린 거북이
토끼 한 마리
쫓기듯 움직여도
무상한 삶의 무게 줄지도 않네
바이러스 팬데믹 짐 실은 마차
천사의 날개 달린 백마를 타고
망망한 바다와 넓은 하늘로

자연의 원칙인 소멸의 시기
하얀 먼지로 흩어지기를
밝고 맑은 빛으로 오시는 주님!
삼라만상 움트는 새봄이 오면
그윽한 동산에 모인 사람들
사랑의 꽃잎으로 채워주소서

꽃다발

지평선 산마루 무지개 동산
생명의 푸른 하늘 감사의 언덕
노래와 꿈을 사랑하는 사람들
하느님! 아니시면 희망도 없네
흰 치마 저고리 보랏빛 인생
사순절 금빛 물결 은총의 바다
아름드리 꽃다발 사랑의 선물
하느님! 아니시면 행복도 없네

영원한 고향

하늘 위의 하늘이신 우리 하느님!
부활의 기쁨도 고요한 바다
마른 가지 갈대밭 움트는 생명
바위 틈에 할미꽃 논밭에 허수아비
인생은 춤추리 노래의 날개
아름다운 산과 들 구원의 샘물
영광의 우리 주님!
영원한 고향
은실 금실 엮어진 꽃 피는 향기
백발의 면류관 행운의 길손
하느님! 아니시면 갈 곳이 없네

꽃마차

거룩한 동산에 피고 지는 꽃송이
산마을에 마늘쫑 뒤뜰에 무화과
텃밭에 장미 넝쿨
유구 문화 민속 춤 화려한 혼백
하느님 아니시면 웃지 않는 조각상
푸른 하늘 푸른 나무 꽃피는 계절
고요한 산책길 나무 밑에 다람쥐

사랑의 기쁨으로 오시는 주님!
영원토록 아름다운 우리 성모님!
어둡고 씁쓸한 구석진 자리
희망의 꽃마차 오뚝이 지혜
타는 촛불 질그릇 회개의 길로
연약한 백성들
사랑의 등불로 밝혀주소서

나그네 · 1

낙엽처럼 우수수 울며 가는 나그네
철새의 날개 닮아 구름 하늘로
늙음도 낡음도 비단결 세월
마음껏 청정한 오늘을 살고
희망찬 내일을 어떻게 살까!
교회의 종소리 하느님 백성
찬미 노래 부르며 춤을 출까요!
조각보에 숨겨진 지혜의 꽃병
보랏빛 꽃 그늘 회개의 등불
심오한 진리도 엄연한 현실도
하느님이 주신 무한한 사랑
쪼개고 나누는 함박꽃 향기
오색 무늬 그려진 은총의 바다
감사의 별빛이 반짝입니다

꿈마차

자연의 주인이신 우리 하느님!
노랑색 해바라기 키 큰 멋쟁이
행운의 여름꽃 풍성한 씨앗
이름 모를 풀벌레
가을 냄새 귀뚜라미
너도 울고 나도 울고
웃어볼까요
인생은 꿈마차 희망의 동산

아름다운 이 세상 하느님 은혜
사랑의 금빛 물결 생명의 노래
바이러스 팬데믹 끈질긴 친구
알프스 산맥 깊은 골짜기
꽁꽁 얼음 무덤 속에 잠이 들기를
구름 바다 빙산을 그려봅니다

오늘 하루

세상의 주인이신 우리 하느님!
푸른 하늘 흰 구름 두둥실 사랑
꽃처럼 아름다운 천사의 날개
움츠린 겨울도 화려한 단풍도
생명의 고갯길 무지개 다리
천근만근 기와집 하느님 은혜!
오목조목 발걸음 감사의 언덕
금쪽 같은 오늘 하루 희망의 노래
다홍 치마 저고리 춤추는 무대
기러기 울어예는 가을 바람 솔솔솔…

사랑의 넝쿨

떠오르는 별처럼 겨울이 오면
해마다 오시는 아기 예수님!
두 팔을 높이 들고 회개의 길로
반짝반짝 빛나는 찬란한 불빛
사랑의 넝쿨이 우주에 찼네
대림절 성탄절 연말연시 꽃잔치
인생은 눈물꽃 박꽃이 사시사철
피고 지는 먼지 구름 떠도는 갈색 연기
바이러스 팬데믹 지나가는 기찻길
가다 보면 종착역 꽃집 빵집 현 주소

예수님 성모님 우리 하느님!
아침 햇살 동쪽 하늘 희망의 태양
연약한 백성들 믿음의 뿌리
평화를 사랑하며 살게 하소서

종소리

마음의 창문 열고 오시는 주님!
동방박사 길잡이 찬란한 별빛
구유에 누워 계신 아기 예수님!
영원토록 영원히 그리운 사랑
예수님 아니시면 살 길이 없네

만민의 어머니 우리 성모님!
백합꽃 하얗게 입으신 순결
순명의 종소리
기쁨의 메아리 온누리에 찼네

회개의 촛불 보랏빛 향기
사랑의 강물이 묵상의 바다로
흘러서 가네

별빛

아침에 피는 꽃 감사 찬미 꽃다발
고요한 기쁨
움직이는 거북이 주홍빛 삶의 자락
희망의 푸른 날개 노래하는 앵무새
성실과 평화 사시사철 피는 꽃
예수님 울타리 그윽한 꽃향기
아롱진 대지 위에 은총의 샘물

영광의 우리 주님! 구원의 횃불
가정 교회 나라 민족 생명의 뿌리
이기심이 전쟁 분쟁 비극의 뭉치
눈썹 같은 초승달 둥글둥글 보름달
희망의 별빛이 반짝이는 하늘 아래
불쌍한 백성들
금빛 물결 사랑 사랑
자비를 베푸소서

파뿌리

검은 머리 파뿌리 엉성한 영양 뿌리
슬픔은 영원토록 고요한 바람 소리
흔들흔들 부는 대로 세월은 가네
먹을 것 입을 것 맑고 맑은 텃밭에
허수아비 방아깨비 짧고 짧은 인생살이
저녁 노을 무지갯빛 아름다운 하늘 아래
금쪽 같은 오늘 하루 하느님께 감사 찬미
영혼의 구름 바다 의지할 곳 주님뿐!
영광의 우리 주님 사랑합니다

뻐꾹새

꽃처럼 아름답게 살고 싶다고
알록달록 무늬 진 평화의 향기
여름이 새록새록 풍성한 마음
멋지고 살 맛 나는 내일을 위해
오늘은 어떻게 보물을 찾나!
하느님 말씀으로 꽃 구슬 꿰어
밝고 맑은 해님 달님
하늘을 향해
찬미 노래 부르며 춤추는 바다
끝도 시작도 없는 영원한 그곳
하늘에 닿을 듯
뻐꾹새 우는 기도 드리옵니다

단풍꽃 · 1

가시 돋친 눈동자 일렁이는 세상에
은총의 금빛 물결 넘치는 바다
하느님 사랑!
밥상 위에 반찬은 셀 수 있어도
별들의 눈빛은 세일 수 없네
기다림의 연착선 나그네 여정
어디를 향해 떠나려 하나!

수많은 세월
믿음의 동산
희망의 등불
사랑의 노래
웃음꽃 나무

언약의 뒤안길 흔들리는 단풍꽃
생명의 주인이신 우리 하느님!
감사의 눈물로
찬란한 그림엽서 드리옵니다

거울

젊음은 향기롭게 희망의 푸른 물결
은총의 바다 위에 떠도는 인생
감사의 눈물로 얼룩진 세월
아름다운 장밋빛 굴다리 지나
빛 바랜 옷을 입고 거울을 보네
높고 푸른 하늘빛 자연의 품속
그 빛을 향해서 여기 와 있네
고요하고 화려한 침묵의 소리
찬미 찬송 날개 위에 꽃이 핍니다

해 뜨는 아침

에덴의 동쪽 하늘 희망의 황금마차
해 뜨는 아침 인류의 푸른 물결
생명의 찬가
인생은 아름다운 숲속의 꿈길
봄이 오면 겨울도 또다시 오듯
고향길 숲속으로 우리도 가네

정치, 경제, 나라, 민족
눈물 씨앗도
부귀영화 성공 실패
나무 뿌리도
머리 숙인 꽃송이
시든 꽃잎도
영광의 우리 주님!
광명의 행렬
영원토록 영원히 함께 계시니
사랑의 행진곡 우리도 함께

등불

구원의 등불이신 우리 하느님!
벌 나비 땅속에서 잠자는 겨울
포근한 겨울답게 김치찌개 군만두
먹이 찾는 다람쥐 새
도토리 밥상 차려주듯
초롱초롱 화수분 물줄기 논밭
성찰의 뒤안길 평화의 노래
포도나무 뿌리 깊은 생명의 넝쿨
송이송이 송이버섯 희망의 언덕
하느님 아니시면 오늘도 없네
지구촌 곳곳에
폭동, 폭력, 폭음, 슬픔과 눈물
불쌍한 백성들 굽어보시어
사람답게 푸르게
보다 밝은 내일을 살게 하소서

역마차

동서남북 지름길 끝없는 광야
물레방아 역마차
어디를 향해 가고 있는가!
봄빛이 아름답게 봄 눈이 몽글몽글
살랑살랑 봄바람 약동의 계절
어서 오라 손짓하는 자연의 동굴
두리뭉실 꿈길로 우리도 가네
부활하신 예수님 우리 하느님
만민의 어머니 우리 성모님
연약한 백성들
어두운 그림자 굽어보시어
새롭고 활기찬 희망의 노래
기쁨의 자유를 주시옵소서

천릿길

울퉁불퉁 삼천 리 아웅다웅 구만 리
무늬 진 꽃길 위에 갈대의 슬픔
하느님이 주신 사랑의 선물
언약의 푸른 동산 그윽한 향기
음지양지 지나서 어디로 가나!
종달새 부엉새 우리는 친구
같이 울고 웃고 노래 부르네
봄바람 가을바람 차가운 겨울바람
은총의 강바람 알뜰한 내 영혼
잔잔한 호수
남은 세월 천릿길
구원의 바다로
밀려서 가네

기도

물질 문명 문화 예술
눈부신 세상 춤추는 무대
너도나도 그리운 사랑의 물결
큰 별이 반짝반짝
구름 위에 고요히 함께 오시네
구원의 빛으로 오시는 주님!
운무로 덮여 있는 이슬방울도
생존의 여울목 눈물방울도
하느님 날개 밑 평화의 기도
은혜로운 향기로 힘차게 하사
감사 찬미 노래 노래
촛불이 타네

하늘 땅

겹겹이 포개진 지혜의 창문
흑백의 진실 억눌리는 세상에
은총의 푸른 바다 고요한 물결
고향 하늘 오솔길 그림 같은 교차로
높고 넓은 하늘 땅
사시사철 부는 바람
눈물 콧물 전쟁 평화
돛대 삿대 화물선
구석구석 지구촌 해 뜨고 지네

만물의 주인이신 우리 하느님!
불쌍한 백성들 자비하신 손길로 잡아주시어
공작새 날개 위에 사랑의 노래
감사의 등불
주님의 꽃밭
아롱진 하늘 향기
농부의 마음
우리 모두 다함께 희망의 길로

조각배

움직이는 유동체 하얀 조각배
출렁이는 파도 끝 생명의 바다
인생은 주기도문 진실의 창문
서쪽 하늘 예술 빛 노을에 젖어
그려진 그림책 감사의 등불
희망의 빛으로 여기 와 있네

하늘 아래 껌딱지
알뜰살뜰 근심 걱정
우리네 살림살이
가는 세월 꽃향기
영원토록 아름다운 사랑의 꽃밭

구원의 푸른 동산 고향길 언덕
들꽃이 피고 지는 산마루에
아련한 꽃잎으로 피어봅니다

하늘빛

고요한 침묵
자주색 보랏빛 회개의 길손
진선미 꽃길 위에 바람이 부네
예수님 십자가 장밋빛 사랑
붉은 피 파도 위에 넘치는 은혜
광명의 불꽃이 누리에 찼네
허기진 나그네 부족한 덕성
천사의 날개 달고
두둥실 하늘빛 구름 바다로

근심의 피난처 하느님 나라
사랑의 금잔디 구원의 언덕
아름다운 길목에 새가 웁니다

노을

떳떳한 버팀목 하느님 말씀
편견의 은방울 메아리 상처
바람 부는 들길에 노을이 타네
흐르는 하늘빛 구름 바다로
떠나가는 나그네 인생의 여정
고요한 바람 소리 멈출 수 없네
인생은 꿈속에서 만났던 여인
사랑하고 사랑하다
갓 태어난 아기 모습 잠투정하네
내 탓이요 내 탓이요
기쁨도 외로움도 지혜의 길목
하느님 아니시면 꿈길도 없네

가을바람

분홍 치마 저고리 코스모스 들국화
누릇누릇 나뭇잎 젊음도 늙음도
하느님 시곗바늘
익으면 떨어져 흙에 묻히듯
솔솔 부는 가을바람
하느님 음성
사랑하며 살라고
노래하시네

뻐꾹새 슬피 우는 뒷동산에도
호박꽃 피고 지는 산마을에도
어깨동무 나란히 도시의 눈망울도
거룩한 그 향기 사랑의 노래
영원한 문틈으로 가을이 오고 가네

단풍꽃 · 2

깊어가는 가을 따라 인생도 익어가는가!
금빛 같은 햇살 아래 화려한 단풍꽃
고갯길 언덕
영원토록 새로운 사랑의 물결
은총의 바다로 흘러서 가네
마음의 주인이신 우리 하느님!
희망도 기쁨도 눈물겨운 이 세상
소중한 오늘 내일 은빛 같은 텃밭에
이낀 낀 울타리 평화의 기도
감사의 샘물이 세월의 바다로
밀려서 가네

울타리

높고 푸른 가을 하늘 고향 가는 길
영혼의 푸른 날개 고요한 잔디
영원하신 하느님!
달무리 잔치
과수원 사과 밭에 꽃이 핍니다

익어가는 가을 빛
아름다운 하늘 땅
국화송이 꽃수레
고갯길 언덕
무화과 블루베리 사랑의 열매

천 년 만 년 울타리 텃밭에 근원
하느님 지으신 예술의 무대
사랑은 영원히 우리와 함께
높은 나뭇가지에 새가 웁니다

석양빛

마음의 주인이신 우리 하느님!
잔잔한 호수 화려한 침묵
행운목 향기 무화과 열매로
넘치는 사랑 은총의 날개
감사의 등불
빛 바랜 새 옷 입고 하늘을 보네
영혼 육신 공동체
눈물 방울 석양빛
누구를 위해 반짝이는가!
손을 뻗쳐도 잡히지 않는
섬나라 넝쿨 가지
내리사랑 짝사랑
뿌리 깊은 울타리
흔들흔들 바람결
끝없는 숲길로 밀려서 가네

아침에 눈 뜨면

배워도 모자라는 두뇌의 한계
완벽한 지혜는 하느님 특권
미약한 인간이 어찌 넘보리
아침에 눈 뜨면 그 많은 영상
밤낮으로 숨 쉬는 삶의 진리여!

은총의 샘물 사랑의 노래
하늘만큼 땅만큼 많은 사연들
침묵의 금잔디 아름답도록
영혼의 들길 위에 홀로 서 있네!

새해 아침에

바람 잘 날이 없는 소심한 갈등
복에 겨워 이처럼 늘어진 어깨
새해맞이 자장가 해맑은 미소
그 누가 살고 있는 고향인가요!
밀려가는 바람결 두둥실 구름
인생은 여지없이 쓸쓸하구나!
사랑과 기쁨의 주인이신 우리 하느님!
밝고 맑은 태양처럼 빛나는 새해 아침
감사와 기도
주님을 섬기며 살게 하소서

겨울

앙상한 나뭇가지
처마 끝에 얼음꽃
겨울이 오네
큰 별이 반짝반짝
동방박사 지름길
사랑이신 예수님!
함께 오시네

기쁨도 평화도
갈대의 슬픔
배고픈 사람들!
가난한 영혼
하느님 아니시면
해와 달, 별빛도
세상도 없네

넘고 넘어도 영원한 사랑
고개고개 너머도 흐르는 세월
영원한 고향길 우리도 가네

꽃

아슬아슬 바람결 거친 들판
한 줄기 하늘빛 자비의 손길
초롱초롱 등대지기
감사 기도 영원히
하느님 아니시면
눈물 바다 나룻배 갈 곳이 없네

생명의 불꽃이 반짝이는 꽃밭에
아늑한 그리움
사랑의 실존
옹기종기 둥글레 된장찌개 떡볶이
다정한 해님 달님
축복의 무대
선인장 봉오리 꽃이 핍니다

봄꽃

아름다운 꽃동산 익어가는 봄!
엉성한 인생에도 봄은 오는가

지구촌 곳곳에 그늘진 눈물
봄이 오고 가면 여름이 오듯
어두운 검은 구름
멀고 먼 바다 건너 하늘 끝까지

동쪽 하늘 붉은 해님 아침의 나라
밝고 맑은 연둣빛 고요한 숲길
우리 모두 다함께 평화의 길로

자연의 주인이신 우리 하느님
축복의 오늘 하루
감사 찬미 노래 드리옵니다

찬란한 꽃마차

눈물 씨앗 가시밭길 젊음의 강물
지혜의 바다를 흐르는 세월
보랏빛 진줏빛 희망의 동산
공평하게 주어진 선물 보따리
마음껏 짊어지고 어디로 가나!
금잔디 넓은 하늘 한 폭의 그림
오고 가는 길 위에 고요히 뜨네
찬란한 꽃마차 영혼의 자유
구원의 등불이 반짝이는 이 세상
감사의 꽃망울이 피고 또 지네

바람

동서남북 창문만 바라보아도
아름다운 꽃동산 새들 놀이터
희망의 꽃 뭉치 한아름 담아
오라는 이 없어도 심심치 않네
꽃처럼 아름답게 노랫가락 흥겹게
축복의 날개

봄바람 지나가다 여름이 오고
단풍 꽃 가을바람 서글픈 노래
인생은 바람이고 낙엽인 것을
흙을 밟고 서성이는 지금이 천국이지요

질그릇

주름 꽃 피고 지는 멋진 세월에
변질 없는 질그릇 사람의 천성
깨어지고 부서지는 미완성 작품
나는 너에게 너는 나에게
우리는 서로 다른 개인 공동체

새롭도록 줄기찬
푸르른 나무처럼
싱싱하기를

생명의 근원이신 하느님 사랑
감사와 축복으로 넘치는 바다
영혼의 날개 위에 기러기 우네

춤추는 바다

엉거주춤 자화자찬 도레미 인생
불러도 대답 없는 홀로 그림자
은총의 하늘빛 흐르는 구름
생명의 돛을 달고 어디로 가나
인생은 산천초목 싱싱한 뿌리
영원토록 그리울 사랑의 노래
지혜로운 푸른 물결 춤추는 바다
희망과 꿈을 싣고 어디든 가네

우리는 돛단배

뿌리 깊은 무궁화 우리나라 꽃
여름내 피고 지는 끈질긴 생명
단군 조선의 아들 딸 너를 닮았네
삼천리 금수강산 화려한 꿈길
두고 온 고향 땅 그리운 옛날

인생은 나그네
사랑은 영원히
행복은 때때로
주님은 내 곁에
세월은 바람결
은총은 하늘만큼
우리는 돛단배
정처없이
흘러서 가네

나그네 · 2

믿음 사랑 기쁨 하늘 나그네
깊어가는 가을빛 푸른 하늘도
한 잎 두 잎 나무 밑 쌓인 낙엽도
흙에 묻히는 생명의 찬가
들꽃이 피고 지는 고요한 언덕
새 울고 장구 치는 마당 놀이터
웃고 울며 떠나가는 고향길 길목
목마른 영혼이 춤추며 가네

껍질만 남았어도 아름답도록

좋은 시절 다 지나가고 껍질만 남았을까
만사가 시무룩 시루떡이네
떡 덩어리 풍요로워
빛나는 눈빛 도도한 어깨
그냥 마냥 얼싸안고
초가집 문턱에 가난한 영혼
심심하면 하늘빛 바라보면서

인생은 흐르는 구름 산
은총의 바다
해님, 달님, 별님
사랑과 슬픔
밤낮이 다 가도록 속삭입니다

축구공

푸른 하늘 나무 밑 청명한 날씨
묵주신공 드리며 동네 한 바퀴
인생은 둥글둥글 축구공인가!
굴러 굴러서 어디로 가나
높은 산 넓은 바다 자연의 미로여
하느님 나라

영원히 흐르는 은총의 샘물
사랑의 손길 위에 춤추는 물결
이러쿵저러쿵 노래의 날개
일요일은 교회로 우리들 세상
우리 모두 다함께 평화의 인사
둥글래 동산에 사랑이 피네

무명초

좋은 시절 그냥 다 지나가고
황금빛 모래알 남은 세월 한 웅큼
그것도 너무 많아 헤일 수 없네
유일한 버팀목 하느님 사랑
듬뿍 안고 영원히 영혼의 세계
길고 긴 그림자 허공의 숨결
내 뜰에 조용히 무명초 하나
다듬고 깨우치는 나무이기를

들국화 만발한 가을이 오네

너울너울 코스모스 꽃밭에
키 큰 멋쟁이 해바라기 꽃
갓김치 열무김치 맛 좋은 된장찌개
천주님이 주신 사랑의 선물
그분이 아니시면
먹을 것 입을 것 하나도 없네

만발한 들국화 가을 나그네
인생은 주기도문 우리들 세상
그윽한 그 향기 행운의 꽃밭
우리 모두 다함께
사랑의 노래

노래는 나의 집
고향 바다로…

인생은 뜬구름 하늘 나그네

색동치마 저고리 가을빛 사랑
구름 따라 가는 길 하늘 나그네
기웃기웃 이 땅에 뿌린 씨앗들
다채로운 꿈길 위에 고요히 피네

언니 오빠 등에 밀려
느티나무 줄넘기 맞잡고 살다
고갯길 언덕에 이별의 노래
우리 모두 부르다 떠나는 여정
인생은 뜬구름 흘러서 가네

단풍꽃 그늘 아래

멋스러운 가을빛
찬란한 슬픔
두둥실 몸과 맘
감사와 기쁨
단풍꽃 그늘 밑
들꽃이 핀다

내 인생의 가을이 당당하기를

단풍처럼 아름다운 인생의 가을
태양이 빛나는 하늘
그지없이 풍요로운 오늘 하루
나의 희망은 무엇인가
알쏭달쏭 밋밋하기 그지없구나

그냥 살고 있을 뿐!
대단한 계획과 새로운 꿈을
그리워할 나이도 아닌데
나잇값도 못 한다면 그건 내가 아니지…
감사와 사랑 아니면 아무것도
탐내지 말고
머리 숙인 곡식처럼
익어가는 내 모습이 당당하기를

할 일이 태산 같은 내일이 오다

깊어가는 가을빛
창문 너머 단풍꽃
아름답고 쓸쓸하구나
바람결에
한 잎 두 잎 나뭇잎 떨어지면
앙상한 나뭇가지
겨울이 멀지 않았네

희망과 꿈 익어가는 인생길
남은 세월 첫째 날
내일이 오면
할 일이 태산 같구나
아직도 세상은
나를 위해 바쁘다네요…

땅콩 먹고 풍차 타고

아카시아 꽃잎이
뚝뚝 떨어지던 여름도 가버리고
가을이 팔팔하게
심심풀이 땅콩 먹고 노래하면서
세월의 풍차 타고 밀려오네요
숲속에 묻힌 듯 포취에 앉아
지나가는 자동차 사람들 눈여겨보다
칭얼칭얼 되풀이 살맛이 씁쓸하다고
삶이 때때로 막다른 골목길인가
아무도 날 위해 손 잡고 같이 웃자
말하는 이 없어 고요하구나

영원토록 사랑이신 우리 하느님!
늘 함께 계시어 감사합니다

3부

영문 번역시

Part Three: Translated Poems and More

A Day of Solitude

Said an unmarried English teacher in my high school
There is no medicine when bitten by a crazy dog
Be careful of male students
We gossiped delaying the study hours
I recall those days of fussing about

"Life will be lost in the darkness and wandering"
Popped in my head a line from Schubert's Mass
Who said that meeting enemies from the past life
Is the destiny of a married couple?

In the past or present, we've accepted the reality,
Living diligently,
Comforting and hurting each other
Through a much long time

Even if I have nothing to brag about in my pathetic life,
In the hearts of my beloved children,
I'd like to remain the best mother

〈

The orange light in the evening sunset
Disappears beyond the western mountains
Now, gazing at the grave
My life is fading away
A lonely drifter sitting beneath the dark shadow
With leaves all fallen off
The bare branches are looking pitiful
The cold winter wind
Also blows into my heart

No one can cry for me
My life is only mine alone
I will go and look for
A nameless flower,
A wonderful, strong vitality

The Piano

Before the Korean War,
When I was very young,
I heard a piano playing
From the elementary school auditorium
I stood alone under a high windowsill,
Not knowing who was playing or what the song was

After the Korean War,
In my schoolgirl days,
The real pretty and beautiful music teacher
Taught me "Plaisir d'amour" while singing and playing the piano
Even now, that look and that face
I can't forget

Flipping through the piano book
My children took lessons in,
I rigorously practiced the piano, self-taught,
Without looking at the sheet music or the hands,
having memorized the lyrics,
Catholic hymns, Christian hymns, and timeless classics

I played all the songs I liked

I should love music and my own life
Who will sing for me and
Teach me piano?

As if soothing a painful wound,
Seeking and realizing for myself
Freedom and human dignity,
I will live for myself

Gender Equality

In the olden days of Confucianism and prevalent use of Chinese characters,
Boys and girls were not to sit together after the age of seven according to the Korean customs
At seven, boys and girls were differentiated,
Instilling in boys a sense of superiority and authority
It was a time when men were prioritized and adulated

Boasting the 500-year history,
The footsteps of Dangun Joseon's sons and daughters
Will forever remain in history
The colorful Queen Yun who decorated the eternal pages of that era,
And Queen Min, the fateful woman who sustained the final royal palace to its sad end

The painful 36-year Japanese annexation of our country,
Caught in the unavoidable vicissitudes of history

and the wave of invasion,

Whether past or present, weren't all of us—men and women—intertwined and living together, controlling and shaping the nation's fate?

Come to think of it, gender equality is an undeniable fact, proven by history—a truth

Men are born from women's bodies; raised receiving the benefits from women

Without women they can't marry, like big babies with nowhere to go,

Such as the most troublesome ones amongst all big babies

God took human form and

Came to this world as the Son of the Virgin Mary

He taught us truth and love,

Led poor and pitiful souls

To the path of salvation and their eternal home,

And prepared a new foundation of life

Thus one day, we, too, will follow the Lord and leave this world,

To which we can never return

"When a man and a woman meet and part, they leave without a word,"

Like the lyrics of some popular song says

There's no need to call for gender equality or discuss improving the status of women

God created woman out of man's rib

So it's a fact among facts that man came first and woman came second

No need to complicate things by arguing about who came first or second

Let's help, rely on, and love each other

Let's all live well together

Our House Cat

Born in 1983, he became a member of our family at six months old
Our cat lived with us for 17 years
Like a strong and handsome athlete
He looked agile and active,
Dashing out the door at every opportunity as if running away

In the summer, he climbs up a tree in the backyard,
Takes a nap perched high up there,
Or sits hidden by a tree like a painting
He catches squirrels that climb up and down
He buries them in front of the basement door
He catches all the big and small mice that quickly run away
Then, he takes a short nap, tired from flying around
And he catches a bird and buries it again

Just as a fierce eagle glides leisurely across mountains,

fields, and waterways in search of prey,

Why did he create playgrounds here and there near home, and then catch and kill innocent squirrels, birds, and rats?

It must have been a show of strength, fulfilling an animal's instinctive duty without a doubt

Our so rambunctious cat

On a very hot summer night in late July 2000

With all his teeth fallen out leaving only his gums

Unable to eat

Aged and weak from malnutrition

Left the world leaving behind his home he had grown fond of

Now and then whenever I think of him

I feel a pang of pity in my heart uneasy and lonely

People, just as the beasts, grow weaker as they age

And fall ill and die as animals

Among them, walking solidly on two feet,

Dreaming and wishing of wealth, honor and longevity,

God loves more all the people of this world, who manage to live their own lives,

He gifted us the privilege to think, learn, and speak

There's something to learn even from a three-year-old, some say

If possible, I'd like to become a kind, gentle and intelligent grandmother

Without laziness or anxiety coming from an old age

I will live out a comfortable life, while keeping in mind the attitude of constant learning

Dear Sun, Dear Moon

Having much money doesn't make one happy, nor not having it makes you unhappy

Yet having too little makes one pitiful and uncomfortable

Then life gets as shabby as a blade of grass without fragrance

Does having a lot make you noble, like a high-class mountain of stones?

Even if that mountain collapses, people build a house with the stones and live well for generations

Drifters who come empty-handed and return empty-handed

What difference does it make whether you live well or poorly?

Praying to the sun and the moon with all my heart

Live enjoying the abundance ripen like a grape

Don't brag about wealth, and don't lament about poverty

All the people living under heaven are different

Life is short, if God takes it away

Is it just a dream that vanishes like a speck in the dust?

Before that dream becomes a smoke and fades away
Let's not complain or grumble, but rather hold kindness and love in our hearts, and keep the bond of friendship
Let's live together, laughing a lot and looking out for one another

My Hometown Seoul · 1

The hardships of youth can't be bought even with money some say
I encountered the Korean War in my sixth grade of elementary school
Hence, I've been through hardship since I was eleven
The house I used to live on the hillside of Hyochang Park

In spring, yellow forsythia over the stone wall fence were blooming
Beautiful pink flower blossoms were on the other side of the stone wall,
Under which cherry blossom trees stood straight
On top of that stone wall, an evergreen poplar hedge,
Tangled over the mound of barbed wire at
The neighbor's house boundary covered with thorny red briars

The flower garden my father tended, from spring

to summer and fall

Many beautiful flowers blooming and falling

Dahlias, zinnias, tulips, Mirabilis, balsams, rose mosses, cosmos, poppies, and red bladder cherries

I used to think that when I grow up and get married,

I'd make the flower beds as pretty as my father did

"Over and over the corpses of our comrades, forward, forward

Nakdong River, may you flow, we are advancing"

As if anticipating the war, the soldiers gathered at Hyochang Park

Sang military songs during training

How many of them survived the Korean War?

I can still hear their songs

Due to bombing by American planes, countless corpses were laid

In a row by the stream behind the Seoul Station

So sad and frustrated was I that I left the house

Without my mother's knowledge

Before the smoke had even cleared, amidst the

broken and charred ashes,

I wandered through the ruined streets, shedding tears

I still vividly remember that day, and I can't forget it

When the Korean War and the 1.4 Retreat had passed,

And the armistice agreement was being signed at the 38th parallel,

I became a schoolgirl

On my way to and from school,

I heard the wailing of a woman,

Calling out the names of her family members,

In that ruined house, a wooden shack, with only the bones remaining

As I passed by, I stopped and looked through the cracks in the wooden walls,

And I, too, shed tears

My tall, long-legged brother, who nicknamed me 'Piggy'

For eating anything well without saying a word,

Would tease me whenever he was bored

My affectionate older sister, who grew up

alongside me like a friend

My brother fled to North Korea during the chaos,

And my sister, who fell ill and left me early to the other world

With no time to miss my brother and sister who disappeared,

I left all my family behind in my hometown, Seoul, Korea

For over thirty years of immigrant life in America,

Without having properly planted a single blade of grass or

Flower seedling with my own hands,

My 70th year is fast approaching in a day or two

Since I haven't visited [Korea], I'll be an American country grandma

Who can't find her way home even if I go there now

Many are well to do there because of economic development and improved quality of life

Yet my heart is still cold, poor and covered in painful wounds

When thinking about my hometown, Seoul, that remains in my memories

My Mother

Crouching in a sunny corner of the yard, I wondered,
If my mom were no longer here, how pitiful and sad would I be?
Whenever I was bored, I'd think about that,
Shedding tears and wallowing in self-pity
A distant memory from my early childhood comes flooding back

Eighty years she lived, it's been almost twenty years
Since she passed over to the other world
Contained in that great epithet 'Mother'
Such tenacious strength and love
Thinking of my mother, why am I still feeling
A deep, unfathomable pain,
Shedding tears of sorrow?

Truly, I've lived my life thinking it's a relief that
Humans possess the great power of forgetting,
But why does my heart ache so much?
Am I tearful because I long for love,

To fulfill my human duty,

My human obligation,

My duty as a child of God?

Because my love was lacking,

I lived my life wounded and befriended loneliness

I think it's because I had this precious day,

Where I must find happiness in beautiful memories,

That perhaps tears of joy and gratitude are shed

My mother, whom I haven't seen

Since we parted thirty years ago when I immigrated here,

Taught me love when I was a child, just like all mothers in the world

Life beckons me to come as a mother and grandmother

With my seventieth year calling

Yet this yearning, resurrected by an inexplicable sadness,

Is a longing and a love for whom I cannot fathom

The Korean family, from whom I was born, raised,

And from whom I was separated,

This home and my own family, whom I have loved and protected,

And all the people on this earth,

Because we are all God's most wonderful creation,

'Thinking reeds'

Dear God! Please have mercy on this sinful person and

Lead me to live a true 'life,' stained with tears of repentance and more love

A Pair of Travelers

Mossy sunset
Splendid sadness
Silver and gold patterned
Wide skirt
Blue and red threaded belt
Made it long

For tens of thousands years
Forever
Laying a bridge of dreams
Wandering off not knowing where to go
A pair of travelers

A gentle gaze
Audience seats
Keeping my seat
Comedy and tragedy
Tears and laughter
I shall share together

My Grandson, A Crybaby

Born into this world eight months ago,
My grandson beamed when we made an eye contact
Laughed out loud with joy
Such a happy baby face
Once endlessly adorable, now a little bit grown up
Does he know, feel, and think?
He looked around here and there, noticing it wasn't his house
He cried for an hour and forty minutes, looking for mom and dad
Then, exhausted, he fell asleep

It was pitch-black outside
The darkness was deepening
He looked around and looked again,
But it wasn't his house
He didn't want to eat; didn't want to sleep
He looked for them and called out
But he couldn't find mom or dad
He couldn't speak, so he mumbled something

He cried and cried,
And then he fell asleep

My beloved grandson,
I can still hear your cries in my ears
My heart aches and tears well up in my eyes!
Where tears and love dwell
As I live,
Grow up quickly and become a big boy
Think of the house of grandpa and grandma
As your own home

* Ty, Peter's son

Fallen Leaves

Silent autumn rain, a gloomy morning
One leaf, two leaves—scattered fallen leaves
Here and there cozy colors piling up
Red, yellow, brown, and purple
Changing into pretty clothes, trampled,
Rolling around, will they turn to 'soil'?

Birds of a feather people loving each other
'Tis the season of autumn foliage
The voices of the heart permeate with the seasons
Sowing love with deep and broad generosity
I dream this autumn of living a fun life
On the windy and rainy mountain paths
Stepping on the moist fallen leaves
Should I run like a lost deer?

Deep in the mountains, as rotten leaves become fertilizer
Quietly placed devotion and action for others
Should I make repeatedly a single, fragrant flower
And share it with this or that person?

An overcast, rainy, silent morning
In front of the window where autumn passes by
Clean rainwater dripping down the leaves
Hold it in a useful, charming bowl
Shall I wash away this greedy heart

The Beautiful Island

Dazzling May
With a chorus of green light

A bright smile
Like a baby's face

Love patterned
With brilliant colors

It doesn't get caught
Even if I stretch out my hand

I can't let it go
Even if it moves away

The beautiful island
Fallen away

You are there
I am here

My beloved
Sons, daughters, grandsons, granddaughters,
Daughters-in-law, son-in-law

Among the tens of millions of flowers
The many, many fragrances

A spring of blessings
Flowing like a river

Flowing and flowing
Going to the sea

Windy dockside
Stained with pain

Only the longing
Remains here

My Hometown Seoul · 2

Looking around after forty years
My hometown Seoul
War, poverty, youth
Sad shadows
A hazy street

What a dynamic and
Dazzling development
The very best subway
Even among developed nations

The whole of Korean Peninsula,
The land of mountains and rivers
Abundant in food and clothing
Beautiful regions, cities
Every face looking beautiful

No one is unable to speak up
Everyone concerned about the country
Politics, economy, culture, and the arts
Religion, freedom, democracy, and peace

〈

You live, I live
We are of one heart
Beneath the fluttering flag
My country I love and love

Azalea Flowers

A golden sunset where wrinkled flowers bloom
Ripening like a bright fruit
Even worm-eaten cotyledons are medicinal
Old age, abundant in delicious harvest
The world is beautiful for me!

Azaleas in full bloom, the queen of May,
Wearing crowns of white, pink and red,
Blooming beautifully alongside one another

The tides of 'life' surge and recede
Everywhere on earth, there are outcries
Still, we are the people of God
May is the month of the beautiful Virgin Mary
Even if we are trampled underfoot like fallen flower petals,
We love the flow of nature and truth
We pray the rosary tirelessly

The Morning Windows

Tall trees
As if to pierce the sky
Green skirts, yellow
Colorful foliage
Dampened by rain
Shining gold
How could they be so beautiful!

Leaves fallen
Will be trampled underfoot
Knowing yet unaware
With a proud air
If you were human, I wish I were like you

Drip-drizzling rainy
Morning windows
A tree trunk stretched out straight and tall,
A hymn to life
Can I become a singing poet?
With a praying heart I look to the sky

The Soul

Natural shades of watercolors
Dazzling autumn leaves
Piled up layer upon layer
Falling and lying

The deepening scent of autumn
Dreamy colors
A soul painted with
Beautiful patterns
Shall we float
To the blue sky
Like a wild goose
Flying through the sky
Where are we headed?

A too precious life
A tearful sorrow
A suffocating worry
A regret that remains unfulfilled

It's all just

A passing wind!

The path of eternal life
On the gatepost
When the sunset burns
Flying, flying high
To the sky of my hometown

The Blue Sea

The blue sea of life
Beloved sons and daughters
Daughters-in-law and son-in-law
Grandsons and granddaughters

Growing lushly in all seasons
A blooming heart like flowers
The world's turbulent storms
A deep-rooted victory flag
Planted in this land

Gentle waves of love
A broad and deep heart
A solid rock

Above it all,
The wings of hope
In search of beautiful dreams
Sunrise in the morning
Sunset in the evening
Thanksgiving and praise

The sound of song
The noisy world

Our wish for you
To live to the fullest
The bowed pasqueflower
Has blossomed fully

The Family

Love given through
A new relationship
Love born from
The pain of the flesh
Seeds of love
Planted in a flower garden
Following, following
Living according to
The irrefutable laws of nature
I was a sinner

If tears and pain are love,
A tree grown on the hills of faith

In the picturesque forest
Many stories
Whispering to each other,
Understanding
A word exchanged
Love stories
Hoping for happiness

Of family reunion

I pray every day

As autumn passes

The Sea of Clouds

Sunset light in the western sky
Tranquil silence
The cloud sea of souls
A rainbow bridge
Milky way in the night sky
Flowing and flowing to
God's country
One constellation
Life is sad and
Beautiful!
Being alive today
A field of blessed flowers

July is the color of apples
Summer flowers blooming and falling
Virus tags
Tangled jump ropes
Looking at each other
So far away
Crickets chirping
With the scent of autumn
Resemble a single daisy

Eternal Home

Heaven above heavens,
Our God!
The joy of resurrection
The calm sea
Dry branches and reeds
Life sprouting
Pasqueflowers in the rock crevices
Scarecrows in the fields
Life will dance
Wings of song

Beautiful mountains and fields
The fountain of salvation
Our glorious Lord!
Eternal home
Woven with silver and gold
Fragrance of blooming flowers
Crown of white hair
A fortunate traveler
If not God!
I have nowhere to go

The Cold Dew

The autumn foliage was dazzling
Shade and silence
Beautiful sky
Peace and tears
Clouds drift aimlessly
Where are they going!
The passing crow
Perched on and flying off from every branch
Flowers blooming and falling
Laughing and crying in the cold dew
All living creatures on earth
The path the wind follows
Eternal truth

Joy and sorrow,
The seeds of love,
God's gift
A flowering vine
A bitter and astringent wound
And hopeful fruit
Life is a flowery wind

A song of gratitude
Underneath God's wings
A quiet lawn
A roadside covered with fallen leaves
I wander

We Are a Sailboat

Deep-rooted
Rose of Sharon
Our national flower
Blooming and withering throughout the summer
Resilient life
Dangun Joseon's
Sons and daughters
They resemble you

Three-thousand-ri* of beautiful mountains and rivers
A splendid dream road
The homeland I left behind
My nostalgic olden days

Life is a journey
Love is forever
Happiness is sometimes
The Lord is by my side
Time is the wind
Grace is as much as the sky
We are a sailboat

Without a destination
It flows and goes

* Three-thousand-ri (삼천리/三千里) is a poetic Korean term symbolizing the whole Korean Peninsula, not a literal distance.

A Pondering: If I Had Stayed in Korea

If I had stayed in Korea, I would have been a government employee. I worked there for the Korean government for eight years.

I was an Executive Secretary for the cabinet of the Korean government.

If I had stayed in the Korean Civil Service, I would have been promoted to a higher position.

I might have led a quite different way of life in Korea.

* This essay was written in response to a writing exercise run by The New York Public Library, entitled *What Would Had Happened If You Had Stayed in Your Native Country*?

Loving, Ambitious, and Driven

Samantha Wainhause

Anna Yoon has been writing for her entire life, a fact that is crystal clear within her poetry. Her poems are passionate, purposeful, and precise; they carefully craft a mosaic of her experiences of life in both Korea and America. They touch upon nature, humanity, and love.

She is not only a poet, though—she is my halmeoni. Her passion and love transcend that of writing—she loves her grandchildren beyond what words on a page can describe, which is evident in everything she does for us. She is loving, ambitious, and driven in all that she does, whether it's writing poetry, caring for her grandchildren, working on beautiful sewing projects, cooking delicious meals, or playing music on the piano··· the list goes on.

Nobody is as strong, determined, passionate, dedicated, and caring as my grandmother is. Anna Yoon is a wonderful poet, an incredible person, and above all, the best grandmother.

작품
해설

가톨릭 신앙을 바탕으로 한 도전과 상생의 시학

-**김순진**(문학평론가 · 한국문인협회 이사)

〈작품해설〉

가톨릭 신앙을 바탕으로 한 도전과 상생의 시학

김 순 진 문학평론가 · 한국문인협회 이사

1. 들어가는 말

자기가 태어나고 자란 집에서 평생을 보내는 사람은 거의 없다. 대부분 외지로 나가거나, 외국으로 이민해 새로운 직업을 개척해 가정을 꾸미고 산다. 교통수단이 발달하지 않았던 봉건사회에서의 결혼 방식은 주로 중매로 이루어졌다. 아버지들끼리 과년한 자녀의 혼사를 본인의 의사와 무관하게 결정해버렸고, 그에 따른 상대적인 박탈감은 세습처럼 이어졌다. 소작농사를 하는 사람의 자식은 소작농사를 지을 수밖에 없었고, 공부를 하지 못한 사람의 자식은 문맹율을 높일 수밖에 없었다. 봉건사회에서는 오래도록 세습화된 남존여비(男尊女卑) 사상에 따라, 무엇이든 아들을 우선시하고, 딸은 학교를 보내지 않으려는 생각이 팽배했던 시절은 그리 오래지 않다. 식물들은 발이 없기 때문에 효과적으로 다른 이동수단을 도모한다. 산삼은 새가 먹고 배설한 인삼의 씨앗이다. 민들레는 홀씨를 달아 멀리 멀리 날아갈 수 있다. 도깨비바늘은 동물들이나 사람의 몸에 붙어 이동을 꾀한다. 식물들이 그렇듯 사람들은 새로운 삶의 터전으로 이동할 수단을 필요로 했고, 교통수단이 발달하면서 사람들은 도시로 몰려들었다. 봉건사회에 지친 사람들은 돌파구가 필요했다. 대도시로 가 건설노동자라도 되어야 고향으로 몇 푼이고 내려보낼 수 있었다. 그러다가 깨달은 사람들은 서울, 부산, 대전, 광주, 대구 등 대도시에서 삶의 터전을 잡고, 자식들의 교육에 매진하게 되었다. 그러는 사이에 항공사업이 발달하게 되고, 좀더 깨달은 사람들은 외국으로의 이민을 택하게 되었는데, 윤은경 시인 같은 이민 1세대들이 그들이다. 우리 민족의 1차 이동은 1차산업인 농업, 어업, 임업, 광업 등으로부터의 2차산업인 중공업 및 경공업 등 제조업으로의 이동이었다. 제조업에 비해 경제성과 생산성을 요구했던 1차산업의 종사자들은 대도시로 밀려들었는데, 아마도 윤은경 시인의 부모님께서 그때 서울로 올라오셨을 것 같다. 그리고 이를 보완하고 보강하기 위한 3차 산업이 발달하게 되었으니 금융·보험·도매업·소매업·교통·정보·통신·서비스·용역·법률·관광·호텔·식당·연예 등이 그것이다. 이는 결국 신문, 잡지, 라디오, 텔레비전을 매개로 해서 우리나라를 폭발적으로 성장하게 하는 동력이 되었는데, 이러한 발전의 계기가 대도시에 사는 사람들을 보다 더 큰 세상으로 바라볼 수 있는 눈을 뜨게 했으니,

그것이 외국의 이민이었다. 남들보다 나은 삶, 자식들의 성공을 위해 보다 큰 꿈을 그리는 사람들은 미국이나 캐나다, 호주, 브라질 등의 이민을 도모하게 되었는데, 말 설고 물 설은 땅으로 이민을 가고자 결정했던 이민 1세대들의 각오는 정말 남달랐을 것이다. 가져간 돈이라고는 고작해야 비행기삯과 몇 달의 체류비 정도였을 터이니, 가져간 돈이 떨어지기 전에 정착을 해야 한다는 강박관념은 겪어보지 못한 사람은 이해하기 어려울 것 같다. 그런 고단한 이민의 과정 속에서도 이처럼 우리 말을 잊지 않고 갈고 닦으며 시집을 출간하는 윤은경 시인께 박수를 보내며 그의 시 몇 수를 읽어보면서 그의 문학세계를 이해해보자.

2. 자아실현을 위한 끊임없는 채찍질

남을 이해하고 사랑할 줄 모르고
범사에 감사하며 기뻐할 줄 모르고
모든 것이 불가능인 양 희망을 찾지 못해
'삶'이 시시하고 재미가 없음인가
조각상이 되어지는 얼굴
여기 또 하나 있네

누구든지 생각할 줄 아는 지혜가 있을진대
고뇌가 무엇인지 알아내야 할 것 같아
모든 사람 제쳐놓고 홀로 멋이 들었을까
많이 웃고 살면 바보처럼 보일까봐
뽐내며 고고하게 조각상이 되어지네

사람이 죽어 관 속에 들어가면
사랑도 미움도 기쁨도 슬픔도
웃고 울고 만나고 헤어지고
모든 세상만사 무상함을 알고 있네

땅속에 묻혀 진흙이 되기 전에
숨 못 쉬는 조각상처럼 죽는 연습 하지 말고
너도 나도 살아 있는 오늘 하루가
황금처럼 소중한 축복이거늘
감사하며 열심히 살아야 하지

-「조각상」 전문

고등학교 시절 국어책에서 김동리 소설가의 「등신불」이라는 단편소설을 공부한 적이 있다. 이는 불교적인 이야기이긴 한데, 나는 윤은경 시인이 말하는 「조각상」과 김동리 소설가의 「등신불」이 어쩌면 맥을 같이 하고 있다는 생각이 든다. 그 소설에서 주인공인 '나'는 불교 신자로서 앉아서 죽어 불상이 된다는 가정의 소설적 구조이고, 이 시는 내 모습이 나이가 들어갈수록 조각상이 되어간다는 설정이다. 결국 두 주인공 모두가 속세의 풍파를 견디고 열반에 들거나 조각상이 된다는 것은 고통의 시간을 견뎌낸다는 측면에서 보면 매우 흡사한 이야기다. 김동리의 소설 「등신불」에서의 '나'는 허구의 인물이기 때문에 모든 고통을 감내하도록 설정되었지만, 이 시 속의 화자인 윤은경 시인은 조각상이 되려는 동안에 찾아오는 "남을 이해하고 사랑할 줄 모르고 / 범사에 감사하며 기뻐할 줄 모르고 / 모든 것이 불가능인 양 희망을 찾지 못"한 데 대한 반성을 통해 스스로 "조각상이 되어지는 얼굴"에 초점을 맞추고 있다. 그러면서 "모든 사람 제쳐놓고 홀로 멋이 들"어가며 "많이 웃고 살면 바보처럼 보일까봐 / 뽐내며 고고하게 조각상이 되어"가는 나를 발견해낸다. 그 동안 가톨릭 신앙에 의지하면서, 수많은 책과 벗하면서, 수많은 삶의 고비를 넘기면서, 자녀들을 훌륭히 키워내면서, 스스로를 끊임없이 채찍질해 조각상이 되지 않고 있는 윤은경 시인의 삶에 박수를 보내드린다.

멀고 먼 바다 건너 사랑하는 고국 땅
해마다 터지는 물난리 산사태
지구촌 여기저기
태풍, 강풍, 볼라벤, 아이작
그 이름 무섭고 사나운 속수무책 천재지변
정치, 경제, 문화, 예술, 선진국, 후진국
배고픈 가난도 배부른 오뚝이도
잘난 사람 못난 사람 우리는 티끌 먼지
수억 년 돌고 도는 광대한 우주 신비
몸살 난 땅과 바다
하늘 아래 둥근 지구

마지막 숨결이 나를 재워도
밝아오는 동쪽 하늘
아침은 오고 내일도 오고…

- 「티끌 먼지」 전문

이 시는 하느님이 천지를 창조하셨음에 "태풍, 강풍, 볼라벤, 아이작"도 "정치, 경제, 문화, 예술, 선진국, 후진국 / 배고픈 가난도 배부른 오뚝이도 / 잘난 사람 못난 사람"도 결국 "우리는 티끌 먼지"에 불과하다는 가톨릭 신앙에 기초한다. 인간을 두고 학자들은 두 가지 평설을 펼친다. 하나는 인간이 만물의 영장이라는 설이다. 이 설에는 인본주의(人本主義) 사상이 들어 있어서 아무도 인간을 대신할 수 없고, 인간만이 오직 이 세상의 유일한 지배자라는 오만불손한 태도를 지닌다. 그래서 『논어』와 『맹자』에서는 부모의 제사나 가족 부양을 위하여 주낙을 놓아 청둥오리를 잡고, 촉고를 쳐 물고기를 잡으며, 화살을 당겨 날아가는 기러기를 떨어뜨린다. 인본주의 사상은 자연을 마음대로 훼손해되 되는 논리라서 인간의 편의대로 산을 허물고 골프장이나 스키장을 만들고, 터널을 뚫고, 다리를 놓으며, 건물을 짓는다. 그러나 그 자연훼손의 폐해에서 오는 자연재해는 고스란히 인간의 몫이 되며, 인간은 스스로 결정한 훼손의 경중에 따라 산사태, 홍수, 쓰나미 등을 맞이하게 된다. 이 학설에서의 인간은 포탄, 탱크, 폭격기, 미사일, 핵 등을 개발하거나 전술을 연구하여 다른 나라, 다른 동물, 다른 별 등을 침공하려 하고 남의 땅이나 물건을 빼앗으려 들고, 호랑이나 악어를 사냥하며, 날로 포악해지게 된다. 또 하나는 인간은 조물주의 피조물이니 하느님의 뜻대로 살아야 한다는 설이다. 이 설을 신앙처럼 섬기면, 인간은 자연을 훼손할 아무런 권리가 없으며, 자연과 함께 살아가야 하는 존재로서의 인간만 존재한다. 이러한 천지창조설은 인간을 유순하고 긍정적인 인간으로 진화시키며, 결국 인간을 자연과 동화하는 생태주의적(生態主義的) 인간으로 진화시키게 되는데, 무력으로 점령해서 사는 것보다는 협상을 통해 함께 왕래하는 방법을 요구한다. 그래서 윤은경 시인이 말하는 것처럼 "마지막 숨결이 나를 재워도" 미련을 가질 필요도 아쉬워할 필요도 없어진다. 결국 "밝아오는 동쪽 하늘 / 아침은 오고 내일도 오고…" 세상은 평화로 이어지는 것이니, 한때 가톨릭에서 전세계적으로 캠페인을 벌인 "내 탓이오"란 말이, 인간으로부터 비롯된 말이니, 인본주의보다는 우리는 피조물로서 윤은경 시인의 말처럼 한낱 "티끌 먼지"에 불과하니, 잘난 것도 으스댈 일도 없다는 말에 공감하게 된다.

3. 새로운 세상을 위한 끊임없는 도전

아름답고 요란한 색채
높은 구름 위에 떠 있는
엄청 희귀한 가치성
만질 수도 없는 예술품

까맣게 타오르는
빛나는 금빛 열쇠
구멍 속에 걸친 본능

사람마다 가진 소유
인간의 자유의지
뭉클뭉클 피는 불꽃
열정의 사진첩

품격 높은 바람 물결
풍덩풍덩 뱃사공
끝없는 바다 위에
고요한 신음 소리

돌고 도는 생명의 꽃
영원히 살아 있네

- 「피카소의 사진첩」 전문

우리는 피카소를 두고 20세기를 대표하는 화가라고 일컫는다. 과연 그는 생전에 이런 말을 체감했을까? 청년 시절 피카소는 뛰어난 장사꾼이었다고 한다. 한 화랑에 들른 피카소는 "여기 피카소 그림 없어요. 아유, 왜 그 유명한 피카소 그림이 없어요. 여기 선불을 드릴 테니 다음에 피카소 그림이 들어오거든 제일 먼저 사 주세요."라며 화랑마다 선금을 주면서 돌아다녔고, 결국 자신의 그림이 비싸게 팔리는 계기를 마련하였다고 한다. 그러나 그가 아무리 많은 돈을 선불로 주고 그림을 사달라고 속여도, 화랑 주인들이 피카소의 그림 가치를 높이 평가하지 않았다면 화랑에서 피카소의 그림은 팔리지 않았을 것이다. 1881년에 태어난 피카소는 13세가 되던 1894년에 첫 개인전을 열게 되는데, 그 시대에 유행이거나 답습되었던 정물의 세계를 벗어나 그는 입체파라는 화풍을 개척하고 지금까지 그의 화풍이 화단에서 크게 각광을 받고 있는 것은 도전정신 덕분이었다. 그는 1910년 경에 브라크와 만나 르네상스 시대로부터 내려오는 원근법으로 대표되는 3차원적 공간 표현에서 벗어나 입체적 양식을 고안했는데 이는 새로운 시도였으며, 새로운 세상으로의 진출이었던 바, 윤은경 시인이 미국으로의 이민을 택한 것과 크게 다르지 않다. 그래서 윤은경 시인은 "사람마다 가진 소유 / 인간의 자유의지"에 초점을 맞추어 이 시를 써내려가고 있는 것이다. "모든 인간은 밥을 먹는다." 그 밥이 빵이든 떡이든 쌀이든 상관없이 밥을 먹는다. 그것은 평범한 삶을 논할 때 할 수 있는 말이다. 그러나 "인간은 빵만으로 살 수 없다."라는 말은 먹는 것을 떠나 "배워야 한다, 차별화해야 한다, 존중되어야 한다, 사랑받아야 한다."와 같은 수많은 명제들을 생산하며 그 사람을 새로운 세상으로 인도하게 되는데, 윤은경 시인과 필자는 후자를 이루기 위해 문학을 하고 있는 것이다. 보통의 사람들은 시를 쓰는 사람들에게 이해하지 못할 듯이 고개를 갸우뚱거리며, "시를 쓰면 밥이 나와?"라 묻지만, 그것은 동물적인 질문에 가깝다. "인간은 생각한다, 고로 존재한다."는 파스칼의 명언은 우리 시인들에게 존재의 이유를 타당케 하며 나아가 새로운 세상으로의 도전을 합당케 한다.

육이오전쟁이 나기 전 아주 어렸을 때에
초등학교 강당에서 들려오는 피아노 소리
누구인지 무슨 곡인지 알지도 못하면서
높은 창 밑에 홀로 서서
피아노 소리 듣고 있었네

육이오 전쟁이 끝난 후 여학생 시절
정말로 예쁘고 아름답던 음악 선생님
노래 부르면서 피아노 치시며
'사랑의 기쁨'을 가르쳐주셨지
지금도 그 모습 그 얼굴 잊을 수 없네

우리 아이들 레슨 받던 피아노 책 뒤적거리며
열심히 독학으로 피아노를 치다 보니
악보도 손도 보지 않고 가사 외워서
가톨릭 성가, 찬송가 그리고 명곡
내가 좋아하는 노래는 다 쳐보았지

음악을 사랑하고 내가 내 인생을 사랑해야지
누가 나를 위해서 노래를 불러주고
피아노를 가르쳐주겠는가

아픈 상처를 달래듯이
자유와 인간의 존엄성을

스스로 찾고 깨달아서
내 자신을 위해서 살아가리라

– 「피아노」 전문

우리 인간에게는 다섯 가지의 이미지가 있다. 꽃을 보고 예쁘다고 하고 사과를 보고 빨갛다고 한다면 그것은 시각적인 이미지다. 떡볶이를 먹으며 맵다고 하고, 포도를 먹으며 달다고 한다면 그것은 미각적 이미지다. 얼음을 만지며 차갑다고 하고, 불을 만지며 뜨겁다고 한다면 그것은 촉각적 이미지다. 삭힌 홍어를 보거나 방귀뀐 사람을 보고 코를 쥐고 도망친다면 그것은 후각적 이미지다. 그리고 낙숫물 떨어지는 소리나, 여름 날 매미소리를 들으며 청아하게 느낀다면 그것은 청각적 이미지다. 그 다섯은 인간의 감정을 형성하는 매우 중요한 요소라서 어느 한 가지만 느끼지 못해도 우리는 그 사람을 장애자라 말하며, 당사자는 정부로부터 장애자증을 교부받아 주변인으로부터 그 부분의 도움을 받을 수가 있다. 그런데 조물주는 그 다섯 가지 이미지 모두를 인간에게 똑같이 나누어주었다. 그런데 어떤 사람은 청각적 이미지를 발달시켜서 피아니스트가 되거나 플루티스트가 되기도 하며, 어떤 사람은 미각적 이미지를 발달시켜서 주류 감별사라든지 요리사의 직업으로 살아간다. 그렇지만 유명한 피아니스트가 되는 것도, 일류 요리사가 되는 것도 모두 부단한 노력과 도전이 있었던 사람에게 주어지는 명예이니 나는 이를 도전정신이라 말하고 싶다. 이 세상 모든 것은 자기만의 영역을 형성한다. 바위는 단단함의 영역을 가지며, 풀은 푸르름의 영역을 가진다. 구슬은 동그란 영역을 가지고, 박스는 사각의 영역을 가진다. 그러나 그 영역에서 변하려는 노력이 없을 때 우리는 바위와 풀, 구슬이란 이름을 바꿔 부르지 않는다. 그렇지만 바위가 모래와 시멘트와 만날 때 우리는 성벽이란 이름이나 집이란 이름으로 바꿔 부르며, 풀이 꽃을 피울 때 우리는 개망초꽃이나 엉겅퀴꽃이란 이름으로 바꿔 부르게 된다. 결국 피아노란 이름은 겉모양은 피아노지만, 그 건반의 움직임에 따라 동요 '고향의 봄'도 되고 교향곡 '운명'도 되는 것이니, 윤은경 시인이 엄마나 여자란 이름을 버리고 시인으로 불리게 되는 이 순간이 얼마나 거룩한가? 이는 그녀가 미국이라는, 이민사회라는, 나이 든 여자라는 각박한 현실 앞에서도 시라는 도전을 택했기 때문에 불릴 수 있는 명칭이리라.

4. 가톨릭 신앙을 통한 상생의 의지

유월의 하늘빛 함박꽃 마음
푸른 언덕 옹달샘 사랑의 샘물
영광의 우리 주님! 빛나는 횃불
지팡이 꺾어지듯 민심은 천심
평등의 존엄성 평화의 물결

일렁이는 파도 소리 민중의 대열
문설주 문고리 문지방 넘고 넘어서
정치 경제 문화 예술
종교의 자유 언론의 자유
어떻든 손뼉 치며 만세, 만만세
진리의 근원이신 우리 하느님!
연약한 백성들 호박죽 범벅
구원의 손길로 굽어보시어
서로서로 손잡고
보다 밝은 내일이 아름답도록

-「횃불」 전문

요즘은 전깃불이 밤을 대낮처럼 밝혀주고 휴대폰에 전등 기능이 있어서 어두운 곳을 가거나 어두운 곳에서 그 기능을 켜면 세상이 환히 보이지만, 불과 50년 전까지만 해도 우리는 횃불이나 촛불, 호롱불에 의지해 생활을 해야만 했던 시절이 있었다. 해마다 정월 대보름날 저녁이면 아버지가 미리 관솔로 만들어두었던 횃불에 어머니는 불을 붙이시고 우리에게 "달님 달님 절합니다. 부스럼 나지 말고 아프지 말고 공부 잘 하게 해주세요."라며 대보름 행사를 치르던 때가 있었다. 저녁때만 되면 개울이나 우물가에 가서 지푸라기로 호야(호롱불의 유리부분)를 닦아야 했던 시절이 있었다. 봄이 무르익어가는 밤이면 가재나 물고기를 잡기 위해 솜방망이 횃불을 만들어 등유에 찍어가며 개울바닥을 누비던 시절이 있었다. 당시 새마을지도자들은 횃불을 들고 새마을운동의 기수로 앞장섰다. 올림픽대교는 횃불을 상징으로 만들어졌다. 횃불은 모든 일에 어둠을 뚫고 앞장서는 상징이었으니, 신앙생활에 있어서도 다르지 않았는데, 어둠은 깨닫지 못한 자, 즉 하느님을 만나지 못한 중에 있는 사람을 가리키는 말이었고, 횃불은 길을 밝히는 성경이나 예수, 또는 예수님의 말씀을 전하는 사역자를 비교하거나 대신하는 말이었다. 그리고 하느님이 아브라함과 언약을 맺으실 때 먼저 예배를 준비케 하시고, 다음은 말씀을 통해 하느님의 계획을 보여주며, 마지막으로 횃불로 임하셔서 이 언약이 이루어질 것을 확인시켜주는 장면은 횃불이 하느님 자신임을 알 수 있게 해주는 장면이다. 윤은경 시인이 이처럼 「횃불」을 쓰고 있는 것은 하느님을 믿는 마음과 하느님 말씀을 전하는 일에 횃불이 되어도 좋다는 상생의 자세가 돋보인다고 하겠다.

가시 돋친 꿈길 위에 꽃 피는 청춘
은혜로운 고동 소리
희망과 용기
사랑의 물결이 파도에 밀려
황혼의 굳은 땅 여기 서 있네

영원하신 하느님!
믿음의 샘물
목마른 사슴 뿔
여정의 실체
어제 오늘 내일도

뜻 뿌리 생명
자연과 더불어 꽃 피는 인생
멋스러운 그림 위에 노을이 타네

바이러스 팬데믹
안경 쓴 인형
노랑색 검은 향기 언덕 너머로
가을 겨울 바람결에 흩어지기를
시드는 꽃잎처럼 머리 숙이네

-「믿음의 샘물」 전문

앞서 말한 '횃불'과 이 시에서 말하는 '샘물'은 하느님의 말씀을 증거하거나 전도하는 데 필요한 말일 뿐만 아니라, 이 세상 모든 만물에게 필요한 최선의 언어다. 지구의 70% 이상은 물로 이루어져 있다고 한다. 그리고 이 세상의 모든 만물은 적당한 양의 물을 마셔야 산다. 흔히 생물이라 말하는 동식물이 물을 필요로 한다. 인간 역시 70%의 물로 이루어져 있다는 사실은 이미 다 알고 있는 사실이다. 신생아는 약 90%의 물로 이루어져 있으며 성인은 70%로 이루어져 있고 노인은 물 성분이 점차로 55%까지 줄어들어 피부가 마르고 늙게 되는 것이다. 금식기도나 건강검진을 위해 조금만 금식을 해도, 인간은 극도의 갈증을 느낀다. 무생물이라 하는 바위나 종이도 먼지처럼 부서지지 않을 만큼의 아주 적당량의 수분을 유지하고 있음으로 존재한다. 흔히 고난과 시련을 골고다 언덕으로 비유하며 신앙과

구원은 생명수에 비유된다. 그런데 창세기에서의 생명수는 생명의 나무로 야훼가 동산 한 가운데 심은 불로장생과 같은 영원한 삶을 주는 열매가 열린 나무를 가리킨다. 우리 인간에게 생명수는 무엇일까? 나는 서로 사랑하는 마음이라고 생각한다. 서로를 사랑할 때 새 생명이 태어나며, 그 집안이 꽃피워 하느님의 나라를 이룰 수 있음에, 하느님 말씀을 믿고 서로 사랑함이 보다 행복한 사회를 일구는 상생을 위한 생명수가 아닌가 하는 생각을 해본다.

5. 맺음말

이상에서처럼 윤은경 시인의 시 몇 수를 읽어보면서 그의 문학세계를 여행해보았다. 윤은경 시인은 세 가지 방향의 시를 써오고 있었으니 첫 번째가 자아실현을 위한 끊임없는 채찍질이었으며, 두 번째가 새로운 세상을 향한 도전정신을 발휘하고 있었고, 세 번째가 가톨릭 신앙을 통한 상생의 의지를 안으로 안으로 다져넣고 있었다. 그리하여 나는 윤은경 시인의 시를 '가톨릭 신앙을 바탕으로 한 도전정신과 상생의 시학'이라 평한다. 이처럼 훌륭한 첫 시집의 상재를 진심으로 축하드린다.

윤은경 시집

하늘 나그네

초판발행일 2025년 12월 25일

지은이 : 윤은경

번　역 : Sabina Lee

발행인 : 김순진

편집장 : 전하라

디자인 : 김초롱

펴낸곳 : 문학공원

등 록 : 2004년 3월 9일 제6-706호

주 소 : 우편번호 03382 서울 은평구 통일로 633
녹번오피스텔 501호 스토리문학사

전 화 : 02-2234-1666

팩 스 : 02-2236-1666

홈페이지 : https://blog.naver.com/ksj5562

이메일 : 4615562@hanmail.net

※ 책값은 뒤표지에 있습니다.